LIBRI I GJITHËSISË SENCIAL ME NDRYSHME TË ULËT

100 TE SHIJSHME RECETA ME PAK YNDYRË PËR TË KONTROLLUAR PESHËN TUAJ

Sabial Daja

Të gjitha të drejtat e rezervuara.
Mohim përgjegjësie

Informacioni i përmbajtur ka për qëllim të shërbejë si një koleksion gjithëpërfshirës i strategjive për të cilat autori i këtij libri elektronik ka bërë kërkime. Përmbledhjet, strategjitë, këshillat dhe truket janë vetëm rekomandime nga autori dhe leximi i këtij libri elektronik nuk do të garantojë që rezultatet e dikujt do të pasqyrojnë saktësisht rezultatet e autorit. Autori i librit elektronik ka bërë të gjitha përpjekjet e arsyeshme për të ofruar informacion aktual dhe të saktë për lexuesit e librit elektronik. Autori dhe bashkëpunëtorët e tij nuk do të mbajnë përgjegjësi për ndonjë gabim ose lëshim të paqëllimshëm që mund të gjendet. Materiali në eBook mund të përfshijë informacione nga palë të treta. Materialet e palëve të treta përbëhen nga mendimet e shprehura nga pronarët e tyre. Si i tillë, autori i librit elektronik nuk merr përsipër përgjegjësi ose përgjegjësi për ndonjë material ose opinion të palëve të treta.

Libri elektronik është me të drejtë autori © 2022 me të gjitha të drejtat e rezervuara. Është e paligjshme rishpërndarja, kopjimi ose krijimi i veprës së derivuar nga ky eBook tërësisht ose pjesërisht. Asnjë pjesë e këtij raporti nuk mund të riprodhohet ose ritransmetohet në çfarëdolloj riprodhimi ose ritransmetimi në çfarëdo forme pa lejen e shkruar dhe të nënshkruar nga autori.

Indice generale

- PREZANTIMI 6
- MËNGJESI 8
  - Mëngjesi me bollgur 8
  - Kos me bollgur Mëngjesi 10
  - Tërshërë me vanilje boronicë gjatë natës 13
  - Bollgur molle 15
  - Gjalpë bajame Tërshërë bananeje 17
  - Bollgur me shegë kokosi 19
  - Kore e picës me vezë 21
  - Omëletë me perime 22
  - Kifle me vezë 24
  - Vezë të fërguara me salmon të tymosur 26
  - Biftek dhe vezë 28
  - Piqem me vezë 30
  - Frittata 32
  - Naan / Petulla / Krepe 34
  - Petulla me kungull i njomë 36
  - Kore e shijshme byreku 38
  - Kiche 40
  - Topa të susamit me djathë vilë 42
  - Hummus 43
  - Guacamole 45
  - Baba Ghanoush 47
  - Espinacase la Catalana 49
  - Tapenadë 51
  - Dip piper i kuq 53
  - Patëllxhan dhe kos 55
- SMOOTHIES 59
  - Smoothie me kivi me kale 59
  - Smoothie me mollë me kungull i njomë 60
  - Smoothie me luleradhiqe 62
  - Smoothie për sallatë 65
  - Smoothie me avokado kale 67

- Smoothie me lakërishtë..................68
- Smoothie me zarzavate panxhar..................69
- Smoothie me kastravec me presh brokoli..................70
- Smoothie me kakao spinaq..................72
- Smoothie me gjalpë bajame liri..................73
- Smoothie lakër molle..................74
- Iceberg Peach Smoothie..................76

DESSERTS..................78
- Ëmbëlsira me Gaforre..................78
- Kore e ëmbël e byrekut..................80
- Byrek me mollë..................82
- Frutat e zhytura në çokollatë..................84
- Biskota pa pjekje..................86
- Brownies të papërpunuara..................88
- Akullore..................90
- Biskota me erëza me mollë..................91

SUPAT..................93
- Krem supë me brokoli..................93
- Supë me thjerrëza..................95
- Supë me avokado me kastravec të ftohtë..................97
- Gaspacho..................100
- Supë italiane me mish viçi..................102
- Kërpudha e pjekur me krem..................104
- Supë me fasule të zezë..................106
- Supë me kunguj..................110
- Supë me mish derri me fasule të bardhë kale..................112
- Supë pule me limon grek..................115
- Supë me pika veze..................117
- Supë kremoze me domate me borzilok..................119

GJELLË KRYESORE..................121
- Zierje me thjerrëza..................121
- Bizele të gjelbra të skuqura me mish viçi..................123
- djegës i bardhë i pulës..................125
- Kale Mish derri..................127
- Curry lulelakër kungull..................129

Crockpot Red Curry Qengji..131
Dhal me thjerrëza të lehta..133
Gumbo..135
Kari i qiqrave..138
Pulë me karri të kuqe..140
Bishtaja të skuqura me mish derri...142
Ratatouille..144
Mish viçi në Barbekju...146
Fileto viçi me shalots..148
djegës..150
Bukë mishi me xham..152
Lazanja me patëllxhanë...154
Patëllxhan i mbushur...156
Speca të kuq të mbushur me mish viçi......................................158
Super Goulash..160
Frijoles Charros..162
Kacciatore pule...164
Lakra e zier me mish..167
Zierje viçi me bizele dhe karrota...169
Zierje me pule jeshile...171
Stew irlandeze..173
Zierja hungareze me bizele...175
Pulë Tikka Masala..177
Zierje mishi me fasule të kuqe..182
Zierje me mish qengji dhe patate të ëmbla...............................184
Gjoks pule të pjekur...186
Pulë e pjekur me rozmarinë..188
Carne Asada..190
Ngushëllues me kokos portokalli..194
Salmon i pjekur në skarë...196
PËRFUNDIM...198

PREZANTIMI

Një dietë me pak yndyrë është ajo që kufizon yndyrën, dhe shpesh yndyrat e ngopura dhe kolesterolin gjithashtu. Dietat me pak yndyrë synojnë të reduktojnë shfaqjen e kushteve të tilla si sëmundjet e zemrës dhe obeziteti. Për humbje peshe, ato funksionojnë në mënyrë të ngjashme me një dietë me pak karbohidrate, pasi përbërja e makronutrientëve nuk përcakton suksesin e humbjes së peshës. Yndyra siguron nëntë kalori për gram ndërsa karbohidratet dhe proteinat secila ofrojnë katër kalori për gram. Instituti i Mjekësisë rekomandon kufizimin e marrjes së yndyrës në 35% të kalorive totale për të kontrolluar marrjen e yndyrave të ngopura.

Edhe pse yndyra është një pjesë thelbësore e dietës së një personi, ka "yndyra të mira" dhe "yndyrna të këqija". Njohja e ndryshimit mund të ndihmojë një person të bëjë zgjedhje të informuara për vaktet e tyre.

Nëse jeni duke ndjekur një dietë të shëndetshme dhe të ekuilibruar, kufizimi i marrjes së yndyrës është përgjithësisht i panevojshëm. Megjithatë, në rrethana të caktuara, kufizimi i yndyrës në dietën tuaj mund të jetë i dobishëm.

Për shembull, dietat me pak yndyrë rekomandohen nëse jeni duke u rikuperuar nga operacioni i fshikëzës së tëmthit ose keni sëmundje të fshikëzës së tëmthit ose pankreasit.

Dietat me pak yndyrë mund të parandalojnë urthin, të ulin peshën dhe të përmirësojnë kolesterolin.

MËNGJESI

Mëngjesi me bollgur

Shërben 1

- • 1 filxhan bollgur i gatuar
- • 1 lugë. të tokëslirifara
- • 1 lugë. të farave të lulediellit
- • Një copë kanellë
- • Gjysma e lugës. të kakaos

a) Gatuani tërshërën me ujë të nxehtë dhe më pas përzieni të gjithë përbërësit.

b) Ëmbëlsojeni nëse keni nevojë me disa pika mjaltë të papërpunuar.

c) Opsionale: Mund t'i zëvendësoni farat e lulediellit me fara kungulli ose chia.

d) Në vend të kakaos mund të shtoni një grusht boronica ose ndonjë manaferrë.

Kos me bollgur Mëngjesi

Shërben 1

- 1/2 filxhan bollgur të thatë
- Një grusht boronica (sipas dëshirës)
- 1 filxhan kos me pak yndyrë

a) Përziejini të gjithë përbërësit dhe prisni 20 minuta ose lëreni brenda natës në frigorifer nëse përdorni tërshërë të prerë çeliku.
b) Shërbejeni

Bollgur kakao

Shërben 1

përbërësit -

- • 1/2 filxhan tërshërë
- • 2 gota ujë
- • Një majë lugë. kripë
- • 1/2 lugë. terrenvaniljefasule
- • 2 lugë gjelle. kakao pluhur
- • 1 lugë gjelle. të papërpunuaramjaltë
- • 2 lugë gjelle. terrenlirimiell farash
- • një copë kanellë
- • 2 te bardha veze

Udhëzimet

a) Në një tenxhere me zjarr të fortë vendosim tërshërën dhe kripën. Mbulojeni me 3 gota ujë. Lëreni të vlojë dhe gatuajeni për 3-5 minuta, duke e përzier herë pas here. Vazhdoni të shtoni 1/2 filxhan ujë nëse është e nevojshme pasi përzierja trashet.

b) Në një tas të veçantë, rrihni 4 lugë gjelle. ujë në 4 lugë gjelle. pluhur kakao për të formuar një salcë të butë. Shtoni vaniljen në tigan dhe përzieni.

c) Uleni nxehtësinë në minimum. Shtoni të bardhat e vezëve dhe përzieni menjëherë. Shtoni miellin e lirit dhe kanellën. Përziejini për t'u bashkuar. Hiqeni nga zjarri, shtoni mjaltë të papërpunuar dhe shërbejeni menjëherë.

d) Sugjerime për mbushje: luleshtrydhe të prera në feta, boronica ose pak bajame.

Tërshërë me vanilje boronicë gjatë natës

Shërben 1

Përbërësit

- • 1/2 filxhan tërshërë
- • 1/3 filxhan ujë
- • 1/4 filxhan kos me pak yndyrë
- • 1/2 lugë. terrenvaniljefasule
- • 1 lugë gjelle.lirimiell farash
- • Një majë kripë
- • Boronica, bajame, manaferra, të papërpunuaramjaltëpër mbushje

Udhëzimet

a) Shtoni përbërësit (përveç shtesave) në tas në mbrëmje. Lëreni në frigorifer gjatë natës.

b) Në mëngjes, përzieni përzierjen. Duhet të jetë i trashë. Shtoni mbushjet e zgjedhjes suaj.

Bollgur molle

Shërben 1

Përbërësit

- • 1 mollë e grirë
- • 1/2 filxhan tërshërë
- • 1 gotë ujë
- • Pikë kanelle
- • 2 lugë. të papërpunuaramjaltë

Udhëzimet

a) Gatuani tërshërën me ujë për 3-5 minuta.

b) Shtoni mollën e grirë dhe kanellën. Përzieni mjaltin e papërpunuar.

Gjalpë bajame Tërshërë bananeje

Shërben 1

Përbërësit

- • 1/2 filxhan tërshërë
- • 3/4 filxhan ujë
- • 1 e bardhe veze
- • 1 banane
- • 1 lugë gjelle.lirimiell farash
- • 1 lugë e papërpunuarmjaltë
- • majë kanellë
- • 1/2 lugë.bajamegjalpë

Udhëzimet

a) Kombinoni tërshërën dhe ujin në një tas. Rrihni të bardhën e vezës dhe më pas përzieni me tërshërën e pazier. Ziejeni në sobë. Kontrolloni konsistencën dhe vazhdoni të ngrohni sipas nevojës derisa tërshëra të jetë me gëzof dhe e trashë. Pureni bananen dhe shtoni në tërshërë. Ngroheni për 1 minutë

b) Përzieni lirin, mjaltin e papërpunuar dhe kanellën. Sipër me gjalpë bajamesh!

Bollgur me shegë kokosi

Shërben 1

Përbërësit

- • 1/2 filxhan tërshërë
- • 1/3 filxhan qumësht kokosi
- • 1 gotë ujë
- • 2 lugë gjelle. arrë kokosi të copëtuar pa sheqer
- • 1-2 lugë gjelle.lirimiell farash
- • 1 lugë gjelle. të papërpunuaramjaltë
- • 3 lugë gjelle. kokrrat e shegës

Udhëzimet

a) Gatuani tërshërën me qumësht kokosi, ujë dhe kripë.

b) Përzieni kokosin, mjaltin e papërpunuar dhe miellin e farave të lirit. Spërkateni me kokos dhe kokrra shege shtesë.

Kore e picës me vezë

përbërësit -

- • 3 vezë
- • 1/2 filxhan miell kokosi
- • 1 filxhan qumësht kokosi
- • 1 thelpi hudhër të shtypur

a) Përziejini dhe bëni një omëletë.
b) Shërbejeni

Omëletë me perime

Shërben 1

përbërësit -

- • 2 vezë të mëdha
- • Kripë
- • Gpiper i zi i rrumbullakët
- • 1 lugë.ullirivaj oseqimnonvaj
- • 1filxhan spinaq, domate qershi dhe 1 lugë djathë kos
- • Piper i kuq i grimcuar dhe një majë kopër

Udhëzimet

a) Rrihni 2 vezë të mëdha në një tas të vogël. I rregullojmë me kripë dhe piper të zi të bluar dhe i lëmë mënjanë. Ngrohni 1 lugë. vaj ulliri në një tigan mesatar mbi nxehtësinë mesatare.

b) Shtoni baby spinaqin, domatet, djathin dhe gatuajeni, duke i hedhur, derisa të thahet (rreth 1 minutë).

c) Shtoni vezë; gatuajeni, duke e trazuar herë pas here, derisa të piqet, rreth 1 minutë. Përzieni djathin.

d) I spërkasim me piper të kuq të grimcuar dhe kopër.

Kifle me vezë

Përbërësit

Shërbim: 8 kifle

- • 8 vezë
- • 1 filxhan piper jeshil i prerë në kubikë
- • 1 filxhan qepë të prerë në kubikë
- • 1 filxhan spinaq
- • 1/4 lugë. kripë
- • 1/8 lugë. piper i zi i bluar
- • 2 lugë gjelle. ujë

Udhëzimet

a) Ngroheni furrën në 350 gradë F. Vaj 8 filxhanë për kifle.

b) Rrihni vezët së bashku.

c) Përziejini me piper zile, spinaqin, qepën, kripën, piperin e zi dhe ujin. Hidheni përzierjen në filxhanë për kifle.

d) Piqeni në furrë derisa kiflet të jenë bërë në mes.

Vezë të fërguara me salmon të tymosur

Përbërësit, shërben 2 -

- 1 lugëkokositvaj
- 4 vezë
- 1 lugë ujë
- 4 oz salmon i tymosur, i prerë në feta
- 1/2 avokado
- piper i zi i bluar, sipas shijes
- 4 qiqra, të grira (ose përdorni 1 qepë të gjelbër, të prerë hollë)

Udhëzimet

a) Ngroheni një tigan mbi nxehtësinë mesatare.

b) Shtoni vaj kokosi në tigan kur të jetë i nxehtë.

c) Ndërkohë përzieni vezët. Shtoni vezët në tiganin e nxehtë, së bashku me salmonin e tymosur. Duke i trazuar vazhdimisht, gatuajini vezët derisa të jenë të buta dhe me gëzof.

d) Hiqeni nga zjarri. Sipër shtoni avokado, piper të zi dhe qiqra për t'i shërbyer.

Biftek dhe vezë

hërben 2

përbërësit -

- • 1/2 lb biftek viçi pa kocka ose fileto derri
- • 1/4 lugë piper i zi i bluar
- • 1/4 lugë kripë deti (opsionale)
- • 2 lugëkokositvaj
- • 1/4 qepë, të prerë në kubikë
- • 1 spec i kuq zile, i prerë në kubikë
- • 1 grusht spinaq ose rukola
- • 2 vezë

Udhëzimet

a) Sezoni biftekin në feta ose fileton e derrit me kripë deti dhe piper të zi. Nxehni një tigan të zier në zjarr të lartë. Shtoni 1 lugë vaj kokosi, qepët dhe mishin kur tigani të jetë i nxehtë dhe skuqeni derisa bifteku të jetë gatuar pak.

b) Shtoni spinaqin dhe piperin e kuq dhe gatuajeni derisa bifteku të bëhet sipas dëshirës tuaj. Ndërkohë ngrohim një tigan të vogël në zjarr mesatar. Shtoni vajin e mbetur të kokosit dhe skuqni dy vezë.

c) Mbi çdo biftek me një vezë të skuqur për ta shërbyer.

Piqem me vezë

përbërësit -

Shërben 6

- • 2 gota speca të kuq të grirë ose spinaq
- • 1 filxhan kungull i njomë
- • 2 lugë gjelle.kokositvaj
- • 1 filxhan kërpudha të prera në feta
- • 1/2 filxhan qepë jeshile të prera në feta
- • 8 vezë
- • 1 filxhan qumësht kokosi
- • 1/2 filxhanbajameMiell

- · 2 lugë gjelle. majdanoz i freskët i grirë
- · 1/2 lugë. borzilok i tharë
- · 1/2 lugë. kripë
- · 1/4 lugë. piper i zi i bluar

Udhëzimet

a) Ngrohni furrën në 350 gradë F. Vendosni vajin e kokosit në një tigan. E ngrohim në nxehtësi mesatare. Shtoni kërpudhat, qepët, kungull i njomë dhe piper i kuq (ose spinaq) derisa perimet të jenë të buta, rreth 5 minuta. Kulloni perimet dhe i shpërndani mbi enën e pjekjes.

b) Rrihni vezët në një tas me qumësht, miell, majdanoz, borzilok, kripë dhe piper. Derdhni përzierjen e vezëve në enë për pjekje.

c) Piqni në furrë të parangrohur derisa qendra të jetë vendosur (rreth 35 deri në 40 minuta).

Frittata

racione

Përbërësit-

- • 2 lugë gjelle.ullirivaj oseavokadovaj
- • 1Kungull i njomë, i prerë në feta
- • 1 filxhan spinaq i freskët i grisur
- • 2 lugë gjelle. qepë të njoma të prera në feta
- • 1 lugë. hudhra e shtypur, kripë dhe piper për shije
- • 1/3 filxhan qumësht kokosi
- • 6 vezë

Udhëzimet

a) Ngrohni vajin e ullirit në një tigan mbi nxehtësinë mesatare. Shtoni kungull i njomë dhe gatuajeni derisa të zbuten. Përziejini me spinaqin, qepët e njoma dhe hudhrën. I rregullojmë me kripë dhe piper. Vazhdoni zierjen derisa spinaqi të thahet.

b) Në një tas të veçantë, rrihni së bashku vezët dhe qumështin e kokosit. Hidhni në tigan mbi perimet. Ulni nxehtësinë në minimum, mbulojeni dhe gatuajeni derisa vezët të jenë të forta (5 deri në 7 minuta).

Naan / Petulla / Krepe

Përbërësit

- · 1/2 filxhanbajameMiell
- · 1/2 filxhan miell tapioke
- · 1 filxhan qumësht kokosi
- · Salt
- · kokositvaj

Udhëzimet

a) Përziejini të gjithë përbërësit së bashku.

b) Nxehni një tigan mbi nxehtësinë mesatare dhe derdhni brumin në trashësinë e dëshiruar. Pasi brumi të duket i fortë, kthejeni atë për të gatuar nga ana tjetër.

c) Nëse dëshironi që kjo të jetë një krep ëmbëlsirë ose petull, atëherë hiqni kripën. Nëse dëshironi, mund të shtoni hudhër ose xhenxhefil të grirë në brumë, ose disa erëza.

Petulla me kungull i njomë

Shërben 3

Përbërësit

- • 2 kunguj të njomë të mesëm
- • 2 lugë gjelle. qepë e copëtuar
- • 3 vezë të rrahura
- • 6 deri në 8 lugë gjelle. bajameMiell
- • 1 lugë. kripë
- • 1/2 lugë. piper i zi i bluar
- • kokositvaj

Udhëzimet

a) Ngroheni furrën në 300 gradë F.

b) Grini kungulleshkat në një tas dhe përzieni qepën dhe vezët. Përzieni 6 lugë gjelle. nga mielli, kripë dhe piper.

c) Nxehni një tigan të madh në zjarr mesatar dhe shtoni vaj kokosi në tigan. Kur vaji të jetë i nxehtë, ulni zjarrin në mesatare-të ulët dhe shtoni brumin në tigan. Gatuani petullat rreth 2 minuta nga secila anë, derisa të marrin ngjyrë kafe. Vendosini petullat në furrë.

Kore e shijshme byreku

Përbërësit

- • 11/4 gota të zbardhurabajameMiell
- • 1/3 filxhan miell tapioke
- • 3/4 lugë. kripë deti e bluar imët
- • 3/4 lugë. paprika
- • 1/2 lugë. qimnon i bluar
- • 1/8 lugë. piper i bardhë i bluar
- • 1/4 filxhankokositvaj
- • 1 vezë e madhe

Udhëzimet

a) Vendosni miellin e bajameve, miellin e tapiokës, kripën e detit, vaniljen, vezën dhe sheqerin e kokosit (nëse përdorni sheqer kokosi) në tasin e një përpunuesi ushqimi. Përpunoni 2-3 herë për t'u kombinuar. Shtoni vaj dhe mjaltë të papërpunuar (nëse përdorni mjaltë të papërpunuar) dhe pulsoni me disa pulsa një sekondë dhe më pas lëreni procesorin e ushqimit të punojë derisa përzierja të bashkohet. Zhvendoseni brumin në një fletë plastike. Mbështilleni dhe më pas shtypni brumin në një disk 9 inç. Lëreni në frigorifer për 30 minuta.

b) Hiqni mbështjellësin plastik. Shtypni brumin në fund dhe lart në anët e një pjate byreku të lyer me gjalpë 9 inç. Shtrydhni pak skajet e kores. Ftoheni në frigorifer për 20 minuta. Vendoseni raftin e furrës në pozicionin e mesëm dhe ngroheni furrën në 375F. Futeni në furrë dhe piqeni deri në kafe të artë.

Kiche

Shërben 2-3

përbërësit -

- · 1 Kore byreku e shijshme e gatuar paraprakisht dhe e ftohur
- · 8 ons spinaq organik, i gatuar dhe i kulluar
- · 6 ons mish derri të prerë
- · 2 qepe të mesme, të prera hollë dhe të skuqura
- · 4 vezë të mëdha
- · 1 filxhan qumësht kokosi
- · 3/4 lugë. kripë
- · 1/4 lugë. piper i zi i sapo bluar

Udhëzimet

a) Skuqeni mishin e derrit në vaj kokosi dhe më pas shtoni spinaqin dhe qepujt. Lëreni mënjanë pasi të keni përfunduar.

b) Ngrohni furrën në 350F. Në një tas të madh, bashkoni vezët, qumështin, kripën dhe piperin. Rrihni derisa të bëhet shkumë. Shtoni rreth 3/4 e përzierjes së mbushjes së kulluar, duke e rezervuar 1/4 e tjera për të "sipëruar" quiche. Hidheni përzierjen e vezëve në kore dhe vendosni mbushjen e mbetur sipër quiche.

c) Vendoseni quiche në furrë në qendër të raftit të mesëm dhe piqni të patrazuar për 45 deri në 50 minuta.

Topa të susamit me djathë vilë

Përbërësit

- 16 ons djathë fermerësh ose gjizë
- 1 filxhan bajame të grira hollë
- 1 dhe 1/2 filxhan bollgur

a) Në një tas të madh, kombinoni gjizën e përzier, bajamet dhe tërshërën.

b) Bëni topa dhe rrotulloni në përzierjen e farave të susamit.

MEZHET

Hummus

Përbërësit

- • 2 gota qiqra të ziera (fasule garbanzo)
- • 1/4 filxhan (59 ml) lëng limoni të freskët
- • 1/4 filxhan (59 ml) tahini
- • Gjysma e një thelpi të madh hudhre, të grirë
- • 2 lugë gjelle.ullirivaj oseqimnonvaj, plus më shumë për servirje
- • 1/2 deri në 1 lugë. kripë
- • 1/2 lugë. qimnon i bluar
- • 2 deri në 3 lugë gjelle. ujë

- • Pikë speci të bluar për servirje

Udhëzimet

a) Kombinoni tahinin dhe lëngun e limonit dhe përziejini për 1 minutë. Në përzierjen e tahinit dhe limonit shtoni vajin e ullirit, hudhrën e grirë, qimonin dhe kripën. Përpunoni për 30 sekonda, kruani anët dhe më pas përpunoni edhe 30 sekonda.

b) Shtoni gjysmën e qiqrave në procesorin e ushqimit dhe përpunojini për 1 minutë. Grini anët, shtoni qiqrat e mbetura dhe përpunoni për 1 deri në 2 minuta.

c) Transferoni humusin në një tas dhe më pas derdhni rreth 1 lugë gjelle. sipër me vaj ulliri dhe spërkateni me paprika.

Guacamole

Përbërësit

- • 4 avokado të pjekura
- • 3 lugë gjelle. lëng limoni i freskët i shtrydhur (1 limon)
- • 8 pika salcë piper djegës
- • 1/2 filxhan qepë të prerë në kubikë
- • 1 thelpi hudhër e madhe, e grirë
- • 1 lugë. kripë
- • 1 lugë. piper i zi i bluar
- • 1 domate mesatare, me fara dhe të prera në kubikë të vegjël

Udhëzimet

a) Pritini avokadon në gjysmë, hiqni gropat dhe hiqni mishin.

b) Shtoni menjëherë lëngun e limonit, salcën me spec djegës, hudhrën, qepën, kripën dhe piperin dhe përzieni mirë. Pritini avokadon në kube. Shtoni domatet.

c) Përziejini mirë dhe shijoni kripën dhe piperin.

Baba Ghanoush

Përbërësit

- • 1 patëllxhan i madh
- • 1/4 filxhan tahini, plus më shumë sipas nevojës
- • 3 thelpinj hudhre, te grira
- • 1/4 filxhan lëng limoni të freskët, plus më shumë sipas nevojës
- • 1 majë qimnon të bluar
- • kripë, për shije
- • 1 lugë gjelle. ekstra e virgjërullirivaj oseavokadovaj
- • 1 lugë gjelle. majdanoz i copëtuar me gjethe të sheshta

- • 1/4 filxhan ullinj të zinj të pjekur me shëllirë, të tillë si Kalamata

Udhëzimet:

a) Grijini patëllxhanë në skarë për 10 deri në 15 minuta. Ngrohni furrën (375 F).

b) Vendoseni patëllxhanin në një tepsi dhe piqni për 15-20 minuta ose derisa të jetë shumë i butë. Hiqeni nga furra, lëreni të ftohet dhe qëroni dhe hidhni lëkurën. Vendosni mishin e patëllxhanit në një tas. Duke përdorur një pirun, grijeni patëllxhanin në masë.

c) Shtoni 1/4 filxhani tahini, hudhrën, qimnonin, 1/4 filxhani lëng limoni dhe përzieni mirë. I rregullojmë me kripë për shije. Transferoni përzierjen në një tas për servirje dhe përhapeni me anën e pasme të një luge për të formuar një pus të cekët. Hidhni sipër vajin e ullirit dhe spërkatni me majdanoz.

d) Shërbejeni në temperaturë ambienti.

Espinacase la Catalana

Shërben 4

Përbërësit

- • 2 gota spinaq
- • 2 thelpinj hudhra
- • 3 lugë gjelle shqeme
- • 3 lugë rrush pa fara të thata
- • ullirivaj oseavokadovaj

Udhëzimet

a) Lani spinaqin dhe prisni kërcellin. Ziejini spinaqin në avull për disa minuta.

b) Qëroni dhe prisni hudhrën në feta. Hidhni disa lugë vaj ulliri dhe mbuloni pjesën e poshtme të një tigani. Ngroheni tiganin në mesatare dhe skuqni hudhrën për 1-2 minuta.

c) Shtoni shqemet dhe rrush pa fara në tigan dhe vazhdoni t'i skuqni për 1 minutë. Shtojmë spinaqin dhe e përziejmë mirë duke e lyer me vaj. Kripë për shije.

Tapenadë

Përbërësit

- • 1/2 kile ullinj të përzier pa koriza
- • 2 fileto açuge, të lara
- • 1 thelpi i vogël hudhër, i grirë
- • 2 lugë gjelle. kaperi
- • 2 deri në 3 gjethe borziloku të freskët
- • 1 lugë gjelle. lëng limoni të saposhtrydhur
- • 2 lugë gjelle. ekstra e virgjërullirivaj oseqimnonvaj

Udhëzimet

a) Shpëlajini ullinjtë në ujë të ftohtë.

b) Vendosni të gjithë përbërësit në tasin e një procesori ushqimi. Procedoni për t'u kombinuar, derisa të bëhet një pastë e trashë.

c) Transferoni në një tas dhe shërbejeni

Dip piper i kuq

Përbërësit

- • 1 kile speca të kuq
- • 1 filxhan djathë fermerësh
- • 1/4 filxhan e virgjërullirivaj oseavokadovaj
- • 1 lugë gjelle hudhër të grirë
- • Lëng limoni, kripë, borzilok, rigon, thekon piper të kuq për shije.

Udhëzimet

a) Piqini specat. I mbulojmë dhe i ftojmë për rreth 15 minuta. Qëroni specat dhe hiqni farat dhe kërcellin.

b) Pritini specat. Transferoni specat dhe hudhrat në një përpunues ushqimi dhe përpunoni derisa të jenë të lëmuara.

c) Shtoni djathin e fermerëve dhe hudhrën dhe përpunoni derisa të jenë të lëmuara.

d) Me makinën në punë, shtoni vaj ulliri dhe lëng limoni. Shtoni borzilokun, rigonin, specat e kuq dhe 1/4 lugë. kripë dhe përpunojeni derisa të jetë e qetë.

e) Rregulloni erëzat, sipas shijes. Hidheni në një tas dhe vendoseni në frigorifer.

Patëllxhan dhe kos

1 kile patellxhan te grire

3 qepe të paqëruara

3 thelpinj hudhër të paqëruar

a) Përzieni 1 kile patëllxhan të copëtuar, 3 qepe të paqëruara dhe 3 thelpinj hudhre të paqëruara me 1/4 filxhan vaj ulliri, kripë dhe piper në një fletë pjekjeje.

b) Pjekim në 400 gradë për gjysmë ore. Ftoheni dhe shtrydhni qepujt dhe hudhrat nga lëkura e tyre dhe grijini. Përziejini me patëllxhanin, bajamet, 1/2 filxhan kos të thjeshtë, koprën dhe kripë e piper.

Caponata

Shërben 3-4

Përbërësit

- • kokositvaj
- • 2 patëllxhanë të mëdhenj, të prerë në copa të mëdha
- • 1 lugë. rigon i tharë
- • Snjë kripë
- • Fpiper i zi i bluar i freskët
- • 1 qepë e vogël, e qëruar dhe e grirë hollë
- • 2 thelpinj hudhra, të qëruara dhe të prera imët

- • 1 tufë e vogël majdanoz i freskët me gjethe të sheshta, gjethe të mbledhura dhe kërcell të grirë imët
- • 2 lugë gjelle. kaperi të kripur, të shpëlarë, të lagur dhe të kulluar
- • 1 grusht ullinj jeshil, gurët e hequr
- • 2-3 lugë gjelle. lëng limoni
- • 5 domate të mëdha të pjekura, të prera përafërsisht
- • kokositvaj
- • 2 lugë gjelle. bajame të grira, të thekura lehtë, sipas dëshirës

Udhëzimet

a) Ngrohni vajin e kokosit në një tigan dhe shtoni patëllxhanin, rigonin dhe kripën. Gatuani në zjarr të lartë për rreth 4 ose 5 minuta. Shtoni qepën, hudhrën dhe bishtat e majdanozit dhe vazhdoni zierjen edhe për disa minuta. Shtoni kaperin e kulluar dhe ullinjtë dhe lëngun e limonit. Kur i gjithë lëngu të ketë avulluar, shtoni domatet dhe ziejini derisa të zbuten.

b) Sezoni me kripë dhe vaj ulliri për shije përpara se ta shërbeni. Spërkateni me bajame.

SMOOTHIES

Smoothie me kivi me kale

- 1 filxhan lakër jeshile, të copëtuar
- 2 mollë
- 3 Kivi
- 1 lugë gjellelirifara
- 1 lugë gjelle pelte mbretërore
- 1 filxhan akull i grimcuar

a) Përziejini në blender

b) Shërbejeni

Smoothie me mollë me kungull i njomë

- • 1/2 filxhan kungull i njomë
- • 2 mollë
- • 3/4 avokado
- • 1 kërcell selino
- • 1 Limon
- • 1 lugë gjelle. Spirulina
- • 1 1/2 filxhan akull të grimcuar

a) Përziejini në blender

b) Shërbejeni

Smoothie me luleradhiqe

- 1 filxhan zarzavate luleradhiqe
- 1 filxhan Spinaq
- ½ filxhan tahini
- 1 Rrepkë e kuqe
- 1 lugë gjelle.chiafara
- 1 filxhan çaj livando

a) Përziejini në blender

b) Shërbejeni

Smoothie kopër honeydew

- ½ filxhan kopër
- 1 filxhan Brokoli
- 1 lugë gjelle. Cilantro
- 1 filxhan mjaltë
- 1 filxhan akull i grimcuar
- 1 lugë gjelle. Klorela

a) Përziejini në blender

b) Shërbejeni

Smoothie me mollë me brokoli

- 1 mollë
- 1 filxhan Brokoli
- 1 lugë gjelle. Cilantro
- 1 kërcell selino
- 1 filxhan akull i grimcuar
- 1 lugë gjelle. Alga deti e grimcuar

a) Përziejini në blender

b) Shërbejeni

Smoothie për sallatë

- 1 filxhan spinaq
- ½ kastravec
- 1/2 qepë të vogël
- 2 lugë majdanoz
- 2 lugë gjelle lëng limoni
- 1 filxhan akull i grimcuar
- 1 lugë gjelle.ullirivaj oseqimnonvaj
- ¼ filxhan bar gruri

a) Përziejini në blender

b) Shërbejeni

Smoothie me avokado kale

- 1 filxhan lakër jeshile
- ½ avokado
- 1 filxhan kastravec
- 1 kërcell selino
- 1 lugë gjelle.chiafara
- 1 filxhan çaj kamomili
- 1 lugë gjelle. Spirulina

a) Përziejini në blender

b) Shërbejeni

Smoothie me lakërishtë

- · 1 filxhan lakërishtë
- · ½ filxhanbajamegjalpë
- · 2 tranguj të vegjël
- · 1 filxhan qumësht kokosi
- · 1 lugë gjelle. Klorela
- · 1 lugë gjelle. Farat e qimnonit të zi - spërkatini sipër dhe zbukurojeni me majdanoz

a) Përziejini në blender

b) Shërbejeni

Smoothie me zarzavate panxhar

- 1 filxhan panxhar jeshil
- 2 lugë gjelle. Gjalpë farat e kungullit
- 1 filxhan Luleshtrydhe
- 1 lugë gjelle. Farat e susamit
- 1 lugë gjelle. kërpifara
- 1 filxhan çaj kamomili

a) Përziejini në blender

b) Shërbejeni

Smoothie me kastravec me presh brokoli

1 filxhan Brokoli

- • 2 lugë gjelle. Gjalpë shqeme
- • 2 Presh
- • 2 kastraveca
- • 1 Gëlqere
- • ½ filxhan marule
- • ½ filxhan marule me gjethe
- • 1 lugë gjelle. Matcha
- • 1 filxhan akull i grimcuar

a) Përziejini në blender

b) Shërbejeni

Smoothie me kakao spinaq

- · 2 gota spinaq
- · 1 filxhan boronica, të ngrira
- · 1 lugë gjelle pluhur kakao të errët
- · ½ filxhan qumësht bajamesh pa sheqer
- · 1/2 filxhan akull të grimcuar
- · 1 lugë e papërpunuarmjaltë
- · 1 lugë gjelle. Pluhur Matcha

a) Përziejini në blender

b) Shërbejeni

Smoothie me gjalpë bajame liri

- · ½ filxhan kos të thjeshtë
- · 2 lugë gjellebajamegjalpë
- · 2 gota spinaq
- · 1 banane, e ngrirë
- · 3 luleshtrydhe
- · 1/2 filxhan akull të grimcuar
- · 1 lugë çajilirifara

a) Përziejini në blender

b) Shërbejeni

Smoothie lakër molle

- 1 filxhan lakër jeshile
- ½ filxhan qumësht kokosi
- 1 lugë gjelle. Maca
- 1 banane, e ngrirë
- ¼ lugë çaji kanellë
- 1 mollë
- Majë arrëmyshk
- 1 karafil
- 3 kube akulli

a) Përziejini në blender

b) Shërbejeni

Iceberg Peach Smoothie

- · 1 filxhan marule Iceberg
- · 1 banane
- · 1 pjeshkë
- · 1 arrë braziliane
- · 1 Mango
- · 1 filxhan Kombucha
- · Sipër mekërpifara

a) Përziejini në blender

b) Shërbejeni

Smoothie Rainbow

a) • Përzieni 1 panxhar të madh me pak akull të grimcuar

b) • Përzieni 3 karota me pak akull të copëtuar

c) Përzieni 1 kastravec, 1 filxhan marule me gjethe dhe ½ filxhan bar gruri

d) • Shërbejini të ndara për të ruajtur ngjyrën e veçantë

e) Shërbejeni

DESSERTS

Ëmbëlsira me Gaforre

Shërben 6-8

përbërësit -

- • 3 paund. mish gaforre
- • 3 vezë të rrahura
- • 3 gota<u>lirimiell</u> farash
- • 3 lugë gjelle. mustardë
- • 2 lugë gjelle. rrikë e grirë
- • 1/2 filxhan<u>kokosit</u>vaj
- • 1 lugë. lëkurë limoni

- • 3 lugë gjelle. lëng limoni
- • 2 lugë gjelle. majdanoz
- • 1/2 lugë. spec i kuq
- • 2 lugë. salce peshku

Udhëzimet

a) Në një tas mesatar përzieni të gjithë përbërësit përveç vajit.

b) Formoni hamburgerët e vegjël. Në tigan ngrohni vajin dhe ziejini petat për 3-4 minuta nga secila anë ose derisa të marrin ngjyrë kafe të artë.

c) Sipas dëshirës i pjekim në furrë.

d) Shërbejeni si meze ose si pjatë kryesore me sallatë me fibra të mëdha.

Kore e ëmbël e byrekut

Përbërësit

- • 1 1/3 gota të zbardhurabajameMiell
- • 1/3 filxhan miell tapioke
- • 1/2 lugë. kripë deti
- • 1 vezë e madhe
- • 1/4 filxhankokositvaj
- • 2 lugë gjelle. sheqer kokosi ose i papërpunuarmjaltë
- • 1 lugë tokëvaniljefasule

Udhëzimet

a) Vendosni miellin e bajameve, miellin e tapiokës, kripën e detit, vaniljen, vezën dhe sheqerin e kokosit (nëse përdorni sheqer kokosi) në tasin e një përpunuesi ushqimi. Përpunoni 2-3 herë për t'u kombinuar. Shtoni vaj dhe mjaltë të papërpunuar (nëse përdorni mjaltë të papërpunuar) dhe pulsoni me disa pulsa një sekondë dhe më pas lëreni procesorin e ushqimit të punojë derisa përzierja të bashkohet. Hidheni brumin në një fletë plastike. Mbështilleni dhe më pas shtypni brumin në një disk 9 inç. Lëreni në frigorifer për 30 minuta.

b) Hiqni mbështjellësin plastik. Shtypni brumin në fund dhe lart në anët e një pjate byreku të lyer me gjalpë 9 inç. Shtrydhni pak skajet e kores. Ftoheni në frigorifer për 20 minuta. Vendoseni raftin e furrës në pozicionin e mesëm dhe ngroheni furrën në 375F. Futeni në furrë dhe piqeni deri në kafe të artë.

Byrek me mollë

Madhësia e shërbimit: Shërben 8

Përbërësit

- • 2 lugë gjelle.kokositvaj
- • 9 mollë të tharta, të qëruara, me bërthamë dhe të prera në feta 1/4 inç të trasha
- • 1/4 filxhan sheqer kokosi ose i papërpunuarmjaltë
- • 1/2 lugë. kanellë
- • 1/8 lugë. kripë deti
- • 1/2 filxhan qumësht kokosi
- • 1 filxhan arra dhe fara te bluara

Udhëzimet

a) Mbushja: Shkrini vajin e kokosit në një tenxhere të madhe mbi nxehtësinë mesatare. Shtoni mollët, sheqerin e kokosit ose mjaltin e papërpunuar, kanellën dhe kripën e detit. Rritni nxehtësinë në mesatare-të lartë dhe gatuajeni, duke i përzier herë pas here, derisa mollët të lëshojnë lagështinë e tyre dhe sheqeri të shkrihet. Hidhni qumësht kokosi ose krem mbi mollët dhe vazhdoni të gatuani derisa mollët të jenë të buta dhe të jenë trashur të lëngshme, rreth 5 minuta, duke i përzier herë pas here.

b) Hidheni mbushjen në kore dhe më pas lyeni sipër. Vendosni një mburojë byreku mbi skajet e kores për të shmangur djegien. Piqni derisa sipërfaqja të marrë një ngjyrë kafe të artë. Ftoheni dhe shërbejeni.

Frutat e zhytura në çokollatë

Përbërësit

- • 2 mollë ose 2 banane ose një tas me luleshtrydhe ose ndonjë frut që mund të zhytet në çokollatë të shkrirë
- • 1/2 filxhan çokollatë të shkrirë

- 2 lugë gjelle. arra të copëtuara (bajame, arra, arra braziliane) ose fara (kërp, chia, susam, lirifaravakt)

Udhëzimet

a) Pritini mollën në copa ose bananen në katërsh. Shkrini çokollatën dhe grijini arrat. Lyeni frutat në çokollatë, spërkatni me arra ose fara dhe vendosini në tepsi.

b) Transferoni tabakanë në frigorifer në mënyrë që çokollata të ngurtësohet; shërbejnë.

c) Nëse nuk dëshironi çokollatë, mbulojini frutat me gjalpë bajameje ose luledielli dhe spërkatini me fara chia ose kërpi dhe i prisni në copa dhe i shërbeni.

Biskota pa pjekje

Përbërësit

- • 1/2 filxhan qumësht kokosi
- • 1/2 filxhan pluhur kakao
- • 1/2 filxhankokositvaj
- • 1/2 filxhan të papërpunuarmjaltë
- • 2 gota kokos të grirë imët
- • 1 filxhan kokosi i madh
- • 2 lugë gjelle tokëvaniljefasule
- • 1/2 filxhan bajame të grira osechiafara (opsionale)
- • 1/2 filxhanbajamegjalpë (opsionale)

Udhëzimet

a) Kombinoni qumështin e kokosit, vajin e kokosit dhe pluhurin e kakaos në një tenxhere. Ziejeni masën në zjarr mesatar, duke e përzier derisa të marrë një valë dhe më pas zieni për 1 minutë.

b) Hiqeni përzierjen nga zjarri dhe përzieni kokosin e grirë, kokosin e madh, mjaltin e papërpunuar dhe vaniljen. Shtoni përbërës shtesë nëse dëshironi.

c) Hidheni përzierjen me lugë në një tepsi të veshur me pergamenë që të ftohet.

Brownies të papërpunuara

Përbërësit

- · 1 1/2 filxhan arra
- · 1 filxhan pa gropëdatat
- · 1 1/2 lugë. terrenvaniljefasule
- · 1/3 filxhan pluhur kakao pa sheqer
- · 1/3 filxhanbajamegjalpë

Udhëzimet

a) Shtoni arra dhe kripë në një përpunues ushqimi ose blender. Përziejini derisa të bluhen imët.

b) Shtoni vaniljen, hurmat dhe pluhurin e kakaos në blender. Përziejini mirë dhe sipas dëshirës shtoni disa pika ujë në të njëjtën kohë për ta bërë përzierjen të ngjitet së bashku.

c) Transferoni përzierjen në një tigan dhe sipër me gjalpë bajamesh.

Akullore

a) Ngrijeni një banane të prerë në copa dhe përpunojeni në blender pasi të jetë ngrirë dhe shtoni gjysmë lugë. kanellë ose 1 lugë. kakao ose të dyja dhe hajeni si akullore.

b) Një opsion tjetër do të ishte të shtoni një lugëbajamegjalpë dhe përziejeni me banane të grirë, është gjithashtu një akullore e shijshme.

Biskota me erëza me mollë

Përbërësit

- · 1 filxhan pa sheqerbajamegjalpë
- · 1/2 filxhan të papërpunuarmjaltë
- · 1 vezë dhe 1/2 lugë kripë
- · 1 mollë e prerë në kubikë
- · 1 lugë kanellë
- · 1/4 lugë karafil të bluar
- · 1/8 lugë arrëmyshk
- · 1 lugë gjelle xhenxhefil të freskët, të grirë

Udhëzimet

a) Ngroheni furrën në 350 gradë F. Kombinoni gjalpin e bajames, vezën, mjaltin e papërpunuar dhe kripën në një tas. Shtoni mollën, erëzat dhe xhenxhefilin dhe përzieni. Hidhni brumin me lugë në një fletë pjekjeje me një distancë prej 1 inç.

b) E pjekim derisa të vendoset.

c) Hiqni biskotat dhe lërini të ftohen në një raft ftohës.

SUPAT

Krem supë me brokoli

Shërben 4

Përbërësit

- 1 1/2 paund brokoli, i freskët
- 2 gota ujë
- 3/4 lugë. kripë, piper për shije
- 1/2 filxhan miell tapioke, të përzier me 1 filxhan ujë të ftohtë
- 1/2 filxhan krem kokosi
- 1/2 filxhan djathë fermerësh me pak yndyrë

a) Ziejini ose zieni brokolin derisa të zbutet.

b) Hidhni 2 gota ujë dhe krem kokosi në krye të bojlerit të dyfishtë.

c) Shtoni kripë, djathë dhe piper. Ngroheni derisa djathi të shkrihet.

d) Shtoni brokolin. Përzieni ujin dhe miellin e tapiokës në një tas të vogël.

e) Përzieni përzierjen e tapiokës në përzierjen e djathit në kazan të dyfishtë dhe ngroheni derisa supa të trashet.

Supë me thjerrëza

Shërben 4-6

Përbërësit

- 2 lugë gjelle.ullirivaj oseavokadovaj
- 1 filxhan qepë të grirë hollë
- 1/2 filxhan karotë të copëtuar
- 1/2 filxhan selino të copëtuar
- 2 lugë çaji kripë
- 1 kile thjerrëza
- 1 filxhan domate të grira
- 2 litra lëng pule ose perimesh
- 1/2 lugë. koriandër i bluar dhe qimnon i thekur

Udhëzimet

a) Vendosni vajin e ullirit në një furrë të madhe holandeze. Vendoseni në zjarr mesatar. Pasi të nxehet, shtoni selinon, qepën, karrotën dhe kripën dhe bëni derisa qepët të jenë të tejdukshme.

b) Shtoni thjerrëzat, domatet, qimnonin, lëngun e mishit dhe korianderin dhe i trazoni të bashkohen. Rriteni nxehtësinë dhe lëreni vetëm të vlojë.

c) Ulni zjarrin, mbulojeni dhe ziejini në zjarr të ulët derisa thjerrëzat të zbuten (rreth 35 deri në 40 minuta).

d) Bëjeni pure me një përkulës në konsistencën tuaj të preferuar (opsionale). Shërbejeni menjëherë.

Supë me avokado me kastravec të ftohtë

Shërben 2-3

Përbërësit

- 1 kastravec i qëruar, i prerë me fara dhe i prerë në copa 2 inç
- 1 avokado, e qëruar
- 2 qepë të grira
- 1 filxhan lëng pule
- 3/4 filxhan kos grek me pak yndyrë
- 2 lugë gjelle. lëng limoni

- 1/2 lugë. piper i bluar, ose sipas shijes
- Qiqra të copëtuara, kopër, nenexhik, qepë ose kastravec

a) Kombinoni kastravecin, avokadon dhe qepët në një blender. Pulsoni derisa të copëtohet.

b) Shtoni kosin, lëngun e mishit dhe lëngun e limonit dhe vazhdoni derisa të jetë e qetë.

c) I rregullojmë me piper dhe kripë sipas shijes dhe i ftojmë për 4 orë.

d) Shijoni për erëza dhe zbukurim.

Gaspacho

Shërben 4

Përbërësit

- 1/2 filxhan tëlirimiell farash
- 1 kg domate të prera në kubikë
- 1 spec të kuq dhe 1 spec jeshil të prerë në kubikë
- 1 kastravec i qëruar dhe i prerë në kubikë
- 2 thelpinj hudhër, të qëruara dhe të shtypura
- 150 ml ekstra të virgjërullirivaj oseavokadovaj
- 2 lugë gjelle lëng limoni
- Kripë, për shije

Udhëzimet

a) Përzieni specat, domatet dhe kastravecin me hudhrën e shtypur dhe vajin e ullirit në tasin e një blenderi.
b) Shtoni miell liri në përzierje. Përziejini derisa të jetë e qetë.
c) Shtoni kripë dhe lëng limoni sipas shijes dhe përzieni mirë.
d) Lëreni në frigorifer derisa të ftohet mirë. Shërbejeni me ullinj të zinj, vezë të ziera, cilantro, nenexhik ose majdanoz.

Supë italiane me mish viçi

Shërben 6

Përbërësit

- 1 kile bletë e grirë 1 thelpi hudhër, e grirë
- 2 gota lëng mishi
- disa domate të mëdha
- 1 filxhan karota të prera në feta
- 2 gota fasule të ziera
- 2 kunguj të njomë të vegjël, të prera në kubikë
- 2 gota spinaq - i shpëlarë dhe i grisur
- 1/4 lugë. piper i zi
- 1/4 lugë. kripë

a) Mish viçi kafe me hudhër në një tenxhere. Përzieni lëngun, karotat dhe domatet. I rregullojmë me kripë dhe piper.

b) Ulni nxehtësinë, mbulojeni dhe ziejini për 15 minuta

c) Përziejini fasulet me lëng dhe kungull i njomë. Mbulojeni dhe ziejini derisa kungull i njomë të zbutet.

d) Hiqeni nga zjarri, shtoni spinaqin dhe mbulojeni. Shërbejeni pas 5 minutash.

Kërpudha e pjekur me krem

Shërben 4

Përbërësit

- • 1 kile kërpudha Portobello, të prera në copa 1 inç
- • 1/2 kile kërpudha shiitake, me kërcell
- • 6 lugë gjelle.ullirivaj oseavokadovaj
- • 2 gota supë perimesh
- • 1 1/2 lugë gjelle.kokositvaj
- • 1 qepë, e grirë
- • 3 thelpinj hudhre, te grira
- • 3 lugë gjelle. miell me shigjeta
- • 1 filxhan krem kokosi

- • 3/4 lugë. trumzë e copëtuar

Udhëzimet

a) Ngroheni furrën në 400°F. Rreshtoni një fletë të madhe pjekjeje me fletë metalike. Përhapeni kërpudhat dhe hidhni pak vaj ulliri mbi to. I rregullojmë me kripë dhe piper dhe i hedhim. I mbulojme me leter dhe i pjekim per gjysme ore. Zbuloni dhe vazhdoni pjekjen edhe 15 minuta. Ftoheni pak. Përzieni gjysmën e kërpudhave me një kanaçe lëng mishi në një blender. Le menjane.

b) Shkrini vajin e kokosit në një tenxhere të madhe në zjarr të lartë. Shtoni qepën dhe hudhrën dhe skuqini derisa qepa të jetë e tejdukshme. Shtoni miellin dhe përzieni për 2 minuta. Shtoni kremin, lëngun dhe trumzën. Përzieni kërpudhat e gatuara të mbetura dhe purenë e kërpudhave. Ziejini në zjarr të ulët derisa të trashet (rreth 10 minuta). I rregullojmë sipas shijes me kripë dhe piper.

Supë me fasule të zezë

Shërben 6-8

Përbërësit

- 1/4 filxhan kokositvaj
- 1/4 filxhan qepë, të prerë në kubikë
- 1/4 filxhan Karota, të prera në kubikë
- 1/4 filxhan Piper zile jeshile, i prerë në kubikë
- 1 filxhan lëng mishi
- 3 paund Fasule të Zeza të gatuara
- 1 lugë gjelle. lëng limoni
- 2 lugë çaji Garlil

- • 2 lugë çaji kripë
- 1/2 lugë. Piper i zi, i bluar
- 2 lugë çaji pluhur djegës
- 8 oz. mish derri
- 1 lugë gjelle. miell tapioke
- 2 lugë gjelle. Uji

Udhëzimet

a) Vendosni vajin e kokosit, qepën, karotën dhe piperin në një tenxhere. Ziejini perimet derisa të zbuten. Lëreni lëngun të ziejë.

b) Shtoni fasulet e gatuara, lëngun e mishit dhe përbërësit e mbetur (përveç miellit të tapiokës dhe 2 lugë gjelle ujë) në perime. Lëreni përzierjen të ziejë dhe gatuajeni përafërsisht 15 minuta.

c) Pure 1 litër supë në blender dhe vendoseni përsëri në tenxhere. Bashkoni miellin e tapiokës dhe 2 lugë gjelle. ujë në një tas të veçantë.

d) Shtoni përzierjen e miellit të tapiokës në supë me fasule dhe lëreni të ziejë për 1 minutë.

1. **Gazpacho e bardhë**

Shërben 4-6

Përbërësit

- · 1 filxhanlirimiell farash
- · 200 gr bajame të zbardhura dhe të lëkura
- · 3 thelpinj hudhra
- · 150 ml ekstra të virgjërullirivaj oseavokadovaj
- · 5 lugë gjelle. lëng limoni
- · 2 lugë kripë

- • 1 litër ujë
- • 150 gr rrush me fara

Udhëzimet

a) Hidhni në blender miellin e lirit me bajamet dhe hudhrat. Përziejini në një pastë të lëmuar. Shtoni pak ujë nëse është e nevojshme. Shtoni vajin në një rrjedhë të ngadaltë me motorin në punë. Shtoni edhe lëngun e limonit dhe kripën.

b) Hidheni përzierjen në një tenxhere dhe shtoni ujin e mbetur. Shtoni kripë ose lëng limoni për shije. Ftoheni supën.

c) Përziejini përpara se ta shërbeni dhe zbukurojeni me rrush.

Supë me kunguj

Shërben 4-6

Përbërësit

- · 1 Kungull
- · 1 karotë, e prerë
- · 1 qepë (e prerë në kubikë)
- · 3/4 – 1 filxhan qumësht kokosi
- · 1/4 – 1/2 filxhan ujë
- · ullirivaj oseavokadovaj
- · Kripë
- · Piper
- · kanellë

- • Shafran i Indisë

Udhëzimet

a) Pritini kungujt dhe hiqni farat me lugë. E presim në copa të mëdha dhe e vendosim në një tepsi. Spërkateni me kripë, vaj ulliri dhe piper dhe piqini në 375 gradë F derisa të jenë të buta (rreth 1 orë). Lëreni të ftohet.

b) Ndërkohë kaurdisim qepët në vaj ulliri (i vendosim në një tenxhere supe). Shtoni karotat. Shtoni 3/4 filxhani qumësht kokosi dhe 1/4 filxhan ujë pas disa minutash dhe lërini të ziejnë. Hiqni kungujt nga lëkura e tij. Shtoni në tenxheren e supës. I trazojmë që të bashkohen përbërësit dhe i lëmë të ziejnë për disa minuta. Shtoni më shumë qumësht ose ujë nëse është e nevojshme. I rregullojmë sipas shijes me kripë, piper dhe erëza. Përziejini derisa të jenë të lëmuara dhe kremoze.

c) E spërkasim me fara kungulli të thekura.

Supë me mish derri me fasule të bardhë kale

Shërben 4-6

Përbërësit

- • 2lugë gjelle. çdo ekstra-virgjërullirivaj
- • 3 lugë gjelle. pluhur djegës
- • 1 lugë gjelle. salcë e nxehtë jalapeno
- • 2 kilogram bërxolla derri me kocka
- • Kripë
- • 4 kërcell selino, të grira
- • 1 qepë e bardhë e madhe, e grirë

- • 3 thelpinj hudhër, të prera
- • 2 gota lëng pule
- • 2 gota domate të prera në kubikë
- • 2 gota fasule të bardha të gatuara
- • 6 filxhanë Kale të paketuara

a) Ngrohni paraprakisht broilerin. Rrihni salcën e nxehtë, 1 lugë gjelle. vaj ulliri dhe pluhur djegës në një tas. I rregullojmë bërxollat e derrit me 1/2 lugë. kripë. Fërkoni bërxollat me përzierjen e erëzave nga të dyja anët dhe vendosini në një raft të vendosur mbi një fletë pjekjeje. Le menjane.

b) Ngrohni 1 lugë gjelle. vaj kokosi në një tenxhere të madhe në zjarr të lartë. Shtoni selinon, hudhrën, qepën dhe 2 lugët e mbetura. pluhur djegës. Gatuani derisa qepët të jenë të tejdukshme, duke i trazuar (rreth 8 minuta).

c) Shtoni në tenxhere domatet dhe lëngun e pulës. Gatuani dhe përzieni herë pas here derisa të pakësohet me rreth një të tretën (rreth 7 minuta). Shtoni lakra jeshile dhe fasulet. Ulni nxehtësinë në mesatare, mbulojeni dhe gatuajeni derisa lakra jeshile të jetë e butë (rreth 7 minuta). Shtoni deri në 1/2 filxhan ujë nëse përzierja duket e thatë dhe rregulloni me kripë.

d) Në ndërkohë, ziejini mishin e derrit derisa të marrin ngjyrë kafe

Supë pule me limon grek

Shërben 4

Përbërësit

- • 4 gota lëng pule
- • 1/4 filxhan të pazierquinoa
- • kripë dhe piper
- • 3 vezë
- • 3 lugë gjelle. lëng limoni
- • Një grusht kopër të freskët (i copëtuar)
- • pulë e pjekur e grirë (opsionale)

a) Lëmë lëngun të ziejë në një tenxhere. Shtoni quinoan dhe gatuajeni derisa të zbutet. I rregullojmë me kripë dhe piper. Ulni nxehtësinë në minimum dhe lëreni të ziejë. Në një tas të veçantë, rrihni lëngun e limonit dhe vezët derisa të jenë të lëmuara. Shtoni rreth 1 filxhan lëng mishi të nxehtë në përzierjen e vezëve/limoni dhe përzieni për t'u kombinuar.

b) Shtoni përsëri përzierjen në tenxhere. E trazojmë derisa supa të bëhet e errët dhe të trashet. Shtoni koprën, kripën dhe piperin sipas shijes dhe pulën nëse keni dhe shërbejeni.

Supë me pika veze

Shërben 4-6

përbërësit -

- • 1 1/2 litër lëng pule
- 2 lugë gjelle. Miell tapiokë, i përzier në 1/4 filxhani ujë të ftohtë
- 2 vezë të rrahura pak me pirun
- 2 qepë të prera, duke përfshirë skajet e gjelbra

Udhëzimet

a) Lëreni lëngun të ziejë. Hidhni ngadalë përzierjen e miellit të tapiokës duke e trazuar lëngun. Supa duhet të trashet.

b) Ulni nxehtësinë dhe lëreni të ziejë. Përziejini vezët shumë ngadalë duke i trazuar.

c) Sapo të hyjë pika e fundit e vezës, fikeni zjarrin.

d) Shërbejeni me qepë të grirë sipër.

Supë kremoze me domate me borzilok

Shërben 6

Përbërësit

- 4 domate - të qëruara, të prera dhe të prera në kubikë
- 4 gota lëng domate
- 14 gjethe borzilok të freskët
- 1 filxhan krem kokosi
- kripë për shije
- piper i zi i bluar per shije

Udhëzimet

a) Kombinoni domatet dhe lëngun e domates në tenxhere. Ziej 30 minuta.

b) Përzierje pure me gjethe borziloku në një procesor.

c) Vendoseni përsëri në një tenxhere dhe shtoni kremin e kokosit.

d) Shtoni kripë dhe piper për shije.

GJELLË KRYESORE

Zierje me thjerrëza

Përbërësit

• 1 filxhan thjerrëza të thata

• 3 1/2 gota lëng pule

• pak domate

• 1 patate mesatare e copëtuar + 1/2 filxhan karrotë të copëtuar

• 1/2 filxhan qepë të copëtuar + 1/2 filxhan selino të copëtuar (opsionale)

• disa degë majdanoz dhe borzilok + 1 thelpi hudhër (i grirë)

- 1 kile mish derri pa dhjamë ose viçi të prerë në kubikë + piper për shije

Me këtë zierje mund të hani një sallatë sipas dëshirës tuaj.

Bizele të gjelbra të skuqura me mish viçi

Shërben 1

Përbërësit

- 1 filxhan bizele të freskëta ose të ngrira
- 1 qepë e grirë hollë
- 2 thelpinj hudhër, të prera hollë dhe 1/2 inç xhenxhefil të freskët të qëruar/prerë (nëse dëshironi)
- 1/2 lugë. thekon piper të kuq, ose për shije
- 1 domate, e prerë fort
- 1 karotë të grirë
- 1 lugë gjelle.kokositvaj
- 1/2 filxhan lëng pule

- 4 oz. viçi në kubikë
- Kripë dhe piper i zi i sapo bluar

a) Ngrohni vajin e kokosit në një tigan mbi nxehtësinë mesatare.

b) Kaurdisni qepën, hudhrën dhe xhenxhefilin derisa të zbuten. Shtoni specin e kuq, karotën dhe domatet dhe skuqini derisa domatja të fillojë të zbutet. Shtoni në të bizelet e gjelbra. Shtoni 4 oz. viçi pa dhjamë në kubikë.

c) Shtoni në lëng mishi dhe ziejini në zjarr mesatar. Mbulojeni dhe ziejini derisa bizelet të zbuten. I rregullojmë sipas shijes me kripë dhe piper.

djegës i bardhë i pulës

Shërben: 5

Përbërësit

- • 4 gjoksa të mëdhenj pule pa kocka dhe pa lëkurë
- • 2 speca zile jeshile
- • 1 qepë e madhe e verdhë
- • 1 jalapeno
- • 1/2 filxhan djegës të gjelbër të prerë në kubikë (opsionale)
- • 1/2 filxhan qepë të pranverës
- • 1,5 lugë gjelle.kokositvaj

- • 3 gota fasule të bardha të gatuara
- • 3,5 gota lëng pule ose perimesh
- • 1 lugë. qimnon i bluar
- • 1/4 lugë. spec i kuq
- • kripë për shije

Udhëzimet

a) Sillni një tenxhere me ujë të vlojë. Shtoni gjoksin e pulës dhe gatuajeni derisa të gatuhet. Kullojeni ujin dhe lëreni pulën të ftohet. Kur të ftohet, grijeni dhe lëreni mënjanë.

b) Pritini në kubikë specat zile, jalapeno dhe qepën. Shkrini vajin e kokosit në një tenxhere në zjarr të lartë. Shtoni specat dhe qepët dhe skuqini derisa të zbuten, përafërsisht. 8-10 minuta.

c) Shtoni lëngun e mishit, fasulet, pulën dhe erëzat në tenxhere. Përziejeni dhe lëreni në një valë të ulët. Mbulojeni dhe ziejini për 25-30 minuta.

d) Ziej për 10 minuta të tjera dhe përzieje herë pas here. Hiqeni nga zjarri. Lëreni të qëndrojë për 10 minuta që të trashet. Sipër me cilantro.

Kale Mish derri

Shërben 4

Përbërësit

- • 1 lugë gjelle.kokositvaj
- • 1 kile fileto derri, e prerë dhe e prerë në copa 1 inç
- • 3/4 lugë. kripë
- • 1 qepë mesatare, e grirë hollë
- • 4 thelpinj hudhre, te grira
- • 2 lugë çaji paprika
- • 1/4 lugë. piper i kuq i grimcuar (opsionale)
- • 1 filxhan verë të bardhë

- • 4 domate kumbulla, të grira
- • 4 gota lëng pule
- • 1 tufë lakër jeshile, e grirë
- • 2 gota fasule të bardha të gatuara

Udhëzimet

a) Ngrohni vajin e kokosit në një tenxhere mbi nxehtësinë mesatare. Shtoni mishin e derrit, rregulloni me kripë dhe gatuajeni derisa të mos jetë më rozë. Transferoni në një pjatë dhe lërini lëngjet në tenxhere.

b) Shtoni qepën në tenxhere dhe gatuajeni derisa të bëhet e tejdukshme. Shtoni paprikën, hudhrën dhe piperin e kuq të grimcuar dhe gatuajeni për rreth 30 sekonda. Shtoni domatet dhe verën, rrisni nxehtësinë dhe përzieni për të grirë grimcat e skuqura. Shtoni lëngun e mishit. Lëreni të vlojë.

c) Shtoni lakër jeshile dhe përzieni derisa të thahet. Uleni zjarrin dhe ziejini derisa lakra jeshile të zbutet. Përzieni fasulet, mishin e derrit dhe lëngjet e derrit. Ziejini edhe për 2 minuta të tjera.

Curry lulelakër kungull

Shërben: 6

Përbërësit

- • Paste kerri
- • 3 gota kunguj të qëruar, të copëtuar
- • 2 gota qumësht kokosi të trashë
- • 3 lugë gjelle.kokositvaj
- • 2 lugë gjelle. të papërpunuaramjaltë
- • 2 kile domate
- • 1 dhe 1/4 filxhan oriz kaf, i pazier
- • 1 filxhan lulelakër të copëtuar
- • 1 filxhan speca jeshil të grirë

- · Cilantro për sipër

Udhëzimet

a) Gatuani orizin kaf. Le menjane.

b) Bëni pastën e Curry. Hidhni qumështin e kokosit në tigan dhe përzieni karin dhe mjaltin e papërpunuar në qumështin e kokosit. Shtoni lulelakrën, kungullin dhe specin jeshil. Mbulojeni dhe ziejini derisa kungulli të zbutet. Hiqeni nga zjarri dhe lëreni të qëndrojë për 10 minuta. Salca do të trashet.

c) Shërbejeni kerin mbi oriz kaf. Shtoni cilantro të copëtuar përpara se ta shërbeni.

Crockpot Red Curry Qengji

Shërben: 16

Përbërësit

- • 3 paund mish qengji të prerë në kubikë
- • Paste kerri
- • 4 gota paste domate
- • 1 lugë. kripë plus më shumë për shije
- • 1/2 filxhan qumësht kokosi ose krem

Udhëzimet

a) Bëni pastën e Curry. Shtoni mishin e qengjit dhe pastën e kerit në një tenxhere. Hidhni një filxhan pastë domate mbi qengjin. Shtoni 2 gota ujë në tenxhere. Përziejini, mbulojeni dhe gatuajeni në temperaturë të lartë për 2 orë ose të ulëta për 4-5 orë. Shijoni dhe rregulloni me kripë.

b) Përzieni qumështin e kokosit dhe spërkatni me cilantro përpara se ta shërbeni. Shërbejeni mbi oriz kaf ose bukë naan.

Dhal me thjerrëza të lehta

Shërben: 6

Përbërësit

- • 2 1/2 gota thjerrëza
- • 5-6 gota ujë
- • Paste kerri
- • 1/2 filxhan qumësht kokosi
- • 1/3 filxhan ujë
- • 1/2 lugë çaji kripë + 1/4 lugë. piper i zi
- • lëng gëlqereje
- • Cilantro dhe qepë për zbukurim

Udhëzimet

a) Vendoseni ujin të vlojë në një tenxhere të madhe. Shtoni thjerrëzat dhe gatuajeni pa mbuluar për 10 minuta, duke i përzier shpesh.

b) Hiqeni nga zjarri. Përziejini përbërësit e mbetur.

c) Sezoni me kripë dhe barishte për zbukurim.

Gumbo

- • 1 kile karkaleca të mesme të qëruara
- • 1/2 kile gjoks pule pa lëkurë dhe pa kocka
- • 1/2 filxhankokositvaj
- • 3/4 filxhanbajameMiell
- • 2 gota qepë të grira
- • 1 filxhan selino të copëtuar
- • 1 filxhan piper jeshil i grire
- • 1 lugë. qimnon i bluar
- • 1 lugë gjelle. hudhër të freskët të grirë
- • 1 lugë. trumzë e freskët e copëtuar
- • 1/2 lugë. piper i kuq

- • 6 gota lëng pule
- • 2 gota domate të prera në kubikë
- • 3 gota bamje të prera në feta
- • 1/2 filxhan majdanoz të freskët të grirë
- • 2 gjethe dafine
- • 1 lugë. salcë nxehtë

a) Skuqeni pulën në nxehtësi të lartë derisa të marrë ngjyrë kafe në një tenxhere të madhe. Hiqeni dhe lëreni mënjanë. Prisni qepët, selinonë dhe piperin jeshil dhe lërini mënjanë.

b) Në tenxhere vendosni vajin dhe miellin. Përziejini mirë dhe skuqeni për të bërë një roux. Kur roux është gati shtoni perimet e grira. Skuqeni në zjarr të ulët për 10 minuta.

c) Ngadalë shtoni lëngun e pulës duke e përzier vazhdimisht.

d) Shtoni pulën dhe të gjithë përbërësit e tjerë përveç bamjeve, karkalecave dhe majdanozit, të cilët do t'i ruajmë për në fund.

e) Mbulojeni dhe ziejini në zjarr të ulët për gjysmë ore. Hiqeni kapakun dhe gatuajeni edhe për gjysmë ore, duke e përzier herë pas here.

f) Shtoni karkalecat, bamjet dhe majdanozin. Vazhdoni të gatuani në zjarr të ulët pa mbuluar për 15 minuta.

Kari i qiqrave

Shërben 4

Përbërësit

• Paste kerri

• 4 gota qiqra të gatuara • 1 filxhan cilantro të copëtuar

Udhëzimet

a) Bëni pastën e Curry. Përzieni qiqrat dhe lëngun e tyre.

b) Vazhdoni të gatuani. I trazojmë derisa të gjithë përbërësit të jenë përzier.

c) Hiqeni nga zjarri. Përzieni cilantro pak përpara se ta shërbeni, duke rezervuar 1 lugë gjelle. për zbukurim.

Pulë me karri të kuqe

Shërben: 6

Përbërësit

- • 2 gota mish pule të prerë në kubikë
- • Paste kerri
- • 2 gota paste domate
- • 1/4 filxhan qumësht kokosi ose krem
- • Cilantro për zbukurim
- • Oriz kaf për servirje

Udhëzimet

a) Bëni pastën e Curry. Shtoni pastën e domates; përzieni dhe ziejini derisa të jetë e qetë. Shtoni pulën dhe kremin.

b) I trazojmë të bashkohen dhe i ziejmë për 15-20 minuta.

c) Shërbejeni me oriz kaf dhe cilantro.

Bishtaja të skuqura me mish derri

Shërben 1

Përbërësit

- • 1 filxhan bishtaja të freskëta ose të ngrira
- • 1 qepë e grirë hollë
- • 2 thelpinj hudhre, te prera holle
- • 1/2 inç xhenxhefil të freskët të qëruar/prerë në feta
- • 1/2 lugë. thekon piper të kuq, ose për shije
- • 1 domate, e prerë fort
- • 1 lugë gjelle.kokositvaj
- • 1/2 filxhan lëng pule

- • Kripë dhe piper të zi të bluar
- • 1/4 limoni, i prerë në copa, për t'u shërbyer
- • 5 oz. mish derri pa dhjamë

Udhëzimet

a) Pritini çdo fasule në gjysmë. Ngrohni vajin e kokosit në një tigan mbi nxehtësinë mesatare. Kaurdisni qepën, hudhrën dhe xhenxhefilin në zjarr mesatar derisa të zbuten.

b) Shtoni specin e kuq dhe domatet dhe skuqini derisa domatja të fillojë të prishet. Përziejini bishtajat. Shtoni 5 oz. mish derri pa dhjamë në kubikë.

c) Shtoni lëngun dhe lëreni të ziejë në zjarr mesatar. Mbulojeni dhe ziejini derisa fasulet të zbuten.

d) I rregullojmë sipas shijes me kripë dhe piper. Shërbejeni me një copë limoni anash.

Ratatouille

Shërben 4-6

Përbërësit

- • 2 patëllxhanë të mëdhenj
- • 3 kunguj të njomë të mesëm
- • 2 qepë mesatare
- • 2 speca të kuq ose jeshil
- • 4 domate të mëdha
- • 2 thelpinj hudhre, te shtypura
- • 4 lugë gjelle.kokositvaj
- • 1 lugë gjelle. borzilok i freskët
- • Salt dhe piper i zi i sapo bluar

Udhëzimet

a) Pritini patëllxhanin dhe kungull i njomë në feta 1 inç. Më pas priteni çdo fetë në gjysmë. Kriposini dhe lërini për një orë. Kripa do të nxjerrë hidhërimin.

b) Pritini specat dhe qepët. Qëroni domatet duke i zier për disa minuta. Më pas në katër pjesë, hiqni farat dhe copëtoni mishin. Skuqini hudhrat dhe qepët në vaj kokosi në një tenxhere për 10 minuta. Shtoni specat. Thajmë patëllxhanin dhe kungulleshkat dhe i shtojmë në tenxhere. Shtoni borzilokun, kripën dhe piperin. Përziejini dhe ziejini për gjysmë ore.

c) Shtoni mishin e domates, kontrolloni erëzat dhe gatuajeni edhe për 15 minuta të tjera me kapakun e mbyllur.

Mish viçi në Barbekju

Shërben 8

Përbërësit

- 1-1/2 filxhan pastë domate • 1/4 filxhan lëng limoni • 2 lugë gjelle. mustardë • 1/2 lugë. kripë

- 1 karotë të grirë • 1/4 lugë. piper i zi i bluar • 1/2 lugë. hudhër të grirë • 4 kile rosto pa kocka

Udhëzimet

a) Në një tas të madh, kombinoni pastën e domates, lëngun e limonit dhe mustardën. I trazojmë me kripë, piper dhe hudhër.

b) Vendosni rosto dhe karotën në një tenxhere të ngadaltë. Derdhni përzierjen e domates mbi rosto. Mbulojeni dhe gatuajeni në temperaturë të ulët për 7 deri në 9 orë.

c) Hiqeni pjekjen e çakut nga tenxherja e ngadaltë, grijeni me një pirun dhe kthejeni në tenxhere të ngadaltë. Përzieni mishin që të lyhet në mënyrë të barabartë me salcë. Vazhdoni gatimin për rreth 1 orë.

Fileto viçi me shalots

- • 3/4 kile shallot, të përgjysmuar për së gjati
- • 1-1/2 lugë gjelle.ullirivaj oseavokadovaj
- • kripë dhe piper për shije
- • 3 gota lëng mishi
- • 3/4 filxhan verë të kuqe
- • 1-1/2 lugë çaji pastë domate
- • 2 kilogramë të pjekur fileto viçi, të prera
- • 1 lugë. trumzë e thatë
- • 3 lugë gjelle.kokositvaj
- 1 lugë gjelle.bajameMiell

a) Ngrohni furrën në 375 gradë F. Hidhni qepujt me vaj ulliri për t'u lyer me një tavë pjekjeje dhe i rregulloni me kripë dhe piper. Piqini derisa qepka të zbutet, duke i përzier herë pas here, rreth gjysmë ore.

b) Kombinoni verën dhe lëngun e viçit në një tigan dhe lëreni të ziejë. Gatuani në zjarr të lartë. Vëllimi duhet të zvogëlohet përgjysmë. Shtoni në paste domate. Le menjane.

c) Thajeni mishin e viçit dhe spërkatni me kripë, trumzë dhe piper. Shtoni mishin e viçit në tiganin e lyer me vaj kokosi. E skuqim nga të gjitha anët në zjarr të fortë.

d) Kthejeni tavën përsëri në furrë. Mish i pjekur rreth gjysmë ore për mesatarisht të rrallë. Transferoni viçin në pjatë. Mbulojeni lirshëm me fletë metalike.

e) Vendoseni tiganin në majë të sobës dhe shtoni përzierjen e lëngut. Lëreni të vlojë dhe përzieni për të grirë pjesët e skuqura. Transferoni në një tenxhere tjetër dhe lëreni të ziejë. Përzieni 1 1/2 lugë gjelle. vaj kokosi dhe miell në një tas të vogël dhe përzieni. Hidheni në lëngun e mishit dhe ziejini derisa salca të trashet. Përzieni qepujt e pjekur. I rregullojmë me kripë dhe piper.

f) Pritini viçin në feta 1/2 inç të trasha. Hidhni pak salcë sipër.

djegës

- • 2 lugë gjelle. <u>kokosit</u>vaj
- • 2 qepë, të grira
- • 3 thelpinj hudhre, te grira
- • 1 kile mish viçi të bluar
- • 3/4 paund fileto viçi, e prerë në kubikë
- • 2 gota domate të prera në kubikë
- • 1 filxhan kafe të fortë
- • 1 filxhan pastë domate
- • 2 gota lëng mishi
- • 1 lugë gjelle. farat e qimnonit

- • 1 lugë gjelle. pluhur kakao pa sheqer
- • 1 lugë. rigon i tharë
- • 1 lugë. piper i bluar kajen
- • 1 lugë. koriandër e bluar
- • 1 lugë. kripë
- • 6 gota fasule të ziera
- • 4 speca djegës djegës të freskët, të grirë

a) Ngrohni vajin në një tenxhere mbi nxehtësinë mesatare. Gatuani hudhrën, qepët, filetonin dhe mishin e grirë në vaj derisa mishi të skuqet dhe qepët të jenë të tejdukshme.

b) Përzieni domatet e prera në kubikë, kafenë, pastën e domates dhe lëngun e viçit. I rregullojmë me rigon, qimnon, pluhur kakao, piper kajen, koriandër dhe kripë. Përzieni specat djegës dhe 3 gota fasule. Ulni nxehtësinë në minimum dhe ziejini për dy orë.

c) Përzieni 3 gotat e mbetura me fasule. Ziejini edhe për 30 minuta të tjera.

Bukë mishi me xham

Shërben 4

përbërësit -

- • 1/2 filxhan pastë domate
- • 1/4 filxhani lëng limoni, i ndarë
- • 1 lugë. pluhur mustardë
- • 2 paund mish viçi të bluar
- • 1 filxhan lirimiell farash
- 1/4 filxhan qepë të copëtuar
- 1 vezë e rrahur

Udhëzimet

a) Ngroheni furrën në 350 gradë F. Kombinoni mustardën, pastën e domates, 1 lugë gjelle. lëng limoni në një tas të vogël.

b) Kombinoni qepën, mishin e grirë, lirin, vezën dhe lëngun e mbetur të limonit në një tas më të madh.

c) Dhe shtoni 1/3 e përzierjes së pastës së domates nga tasi më i vogël. Përziejini të gjitha mirë dhe vendosini në një tepsi.

d) Piqni në 350 gradë F për një orë. Kullojeni çdo yndyrë të tepërt dhe lyejeni me përzierjen e mbetur të pastës së domates. Piqeni edhe për 10 minuta të tjera.

Lazanja me patëllxhanë

Shërben 4-6

Përbërësit, NF

- • 2 patëllxhanë të mëdhenj, të qëruar dhe të prerë për së gjati në rripa
- • kokositvaj
- • kripë dhe piper
- Salca e mishit
- • 2 gota djathë fermerësh me pak yndyrë
- • 2 vezë
- • 3 qepë të njoma, të grira

- · 1 filxhan djathë mocarela me pak yndyrë të grirë

Udhëzimet

a) Ngroheni furrën në 425 gradë.

b) Lyejeni fletën e biskotave dhe rregulloni fetën e patëllxhanit. Spërkateni me kripë dhe piper. Piqni feta për 5 minuta nga secila anë. Uleni temperaturën e furrës në 375.

c) Kaverdisni qepën, mishin dhe hudhrën në vaj kokosi për 5 minuta. Shtoni kërpudhat dhe piperin e kuq dhe gatuajeni për 5 minuta. Shtoni domatet, spinaqin dhe erëzat dhe ziejini për 5-10 minuta.

d) Përzieni përzierjen e djathit, vezëve dhe qepëve të fermerëve. Përhapni një të tretën e salcës së mishit në fund të një tigani qelqi. Shtroni gjysmën e fetave të patëllxhanit dhe gjysmën e djathit të fermerëve. Përsëriteni. Shtoni shtresën e fundit të salcës dhe më pas mocarelën sipër.

e) Mbulojeni me petë. Piqeni në 375 gradë për një orë. Hiqni folenë dhe piqni derisa djathi të marrë ngjyrë kafe. Lëreni të pushojë 10 minuta para se ta shërbeni.

Patëllxhan i mbushur

a) Shpëlajini patëllxhanët. Pritini një fetë nga një fund. Bëni një të çarë të gjerë dhe i kriposni. Domate me fara. I presim imët.

b) Pritini qepët në feta të holla. Pritini thelpinjtë e hudhrës. I vendosim në një tigan me vaj kokosi.

c) Shtoni domatet, kripë majdanozin, qimnonin, piperin, specat djegës dhe mishin e grirë. Skuqeni për 10 minuta.

d) Shtrydhni patëllxhanët, në mënyrë që lëngu i hidhur të dalë. Mbushni të çarën e gjerë me përzierjen e mishit të grirë. Hidhni përzierjen e mbetur sipër. Ngroheni furrën në 375F ndërkohë.

e) Vendosni patëllxhanët në një tavë pjekjeje. I spërkasim me vaj ulliri, lëng limoni dhe 1 gotë ujë.

f) Mbulojeni tavën me një fletë metalike.

Speca të kuq të mbushur me mish viçi

Përbërësit

- 6 speca zile të kuqe
- kripë për shije
- 1 kile mish viçi të bluar
- 1/3 filxhan qepë të copëtuar
- kripë dhe piper për shije
- 2 gota domate të grira
- 1/2 filxhan oriz kafe të papjekur ose
- 1/2 filxhan ujë
- 2 gota supë me domate

- ujë sipas nevojës

Udhëzimet

a) Ziejini specat në ujë të vluar për 5 minuta dhe kullojini.

b) Spërkatni kripë brenda çdo speci dhe lëreni mënjanë. Në një tigan kaurdisni qepët dhe mishin e viçit derisa viçi të skuqet. Kulloni yndyrën e tepërt. I rregullojmë me kripë dhe piper. Përzieni orizin, domatet dhe 1/2 filxhan ujë. Mbulojeni dhe ziejini derisa orizi të jetë i butë. Hiqeni nga zjarri. Përzieni djathin.

c) Ngroheni furrën në 350 gradë F. Mbushni çdo spec me përzierjen e orizit dhe viçit. Vendosni specat me anën e hapur lart në një enë pjekjeje. Kombinoje supën me domate me ujë të mjaftueshëm për ta bërë supën një konsistencë lëngu në një tas të veçantë.

d) Hidhni sipër specat.

e) E pjekim të mbuluar për 25 deri në 35 minuta.

Super Goulash

Shërben 4-6

Përbërësit

- • 3 gota lulelakër
- 1 kile mish viçi të bluar •
- 1 qepë mesatare, e grirë •
- kripë për shije
- • piper i zi i bluar per shije
- hudhër për shije
- • 2 gota fasule të ziera
- • 1 filxhan pastë domate

a) Zieni mishin e grirë dhe qepën në një tigan, mbi nxehtësinë mesatare. Kullojeni yndyrën. Shtoni hudhër, kripë dhe piper për shije.

b) Përzieni lulelakrën, fasulet dhe pastën e domates. Gatuani derisa lulelakra të jetë gati.

Frijoles Charros

Shërben 4-6

Përbërësit

- • 1 kile fasule të thata pinto
- • 5 thelpi hudhër, të prera
- • 1 lugë. kripë
- • 1/2 kile derri, i prerë në kubikë
- • 1 qepe e prere dhe 2 domate të freskëta, të prera në kubikë
- • disa speca jalapeno të prera në feta
- • 1/3 filxhan cilantro të copëtuar

Udhëzimet

a) Vendosni fasulet pinto në një tenxhere të ngadaltë. Mbulojeni me ujë. Përzieni në hudhër dhe kripë. Mbulojeni dhe gatuajeni për 1 orë në temperaturë të lartë.

b) Gatuani mishin e derrit në një tigan mbi nxehtësi të lartë derisa të marrë ngjyrë kafe. Kullojeni yndyrën. Vendosni qepën në tigan. Gatuani derisa të zbuten. Përzieni me jalapenos dhe domate. Gatuani derisa të nxehet. Transferoni në tenxhere të ngadaltë dhe përzieni në fasule. Vazhdoni gatimin për 4 orë në Low. Përzieni me cilantro rreth gjysmë ore para përfundimit të kohës së gatimit.

Kacciatore pule

Shërben 8

Përbërësit

- • 4 kilogramë kofshë pule, me lëkurë
- • 2 lugë gjelle. ekstra e virgjërullirivajoseavokadovaj
- • Kripë
- • 1 qepë e prerë në feta
- • 1/3 filxhan verë të kuqe
- • 1 spec i kuq ose jeshil i prerë në feta
- • 8 ons kërpudha cremini të prera në feta
- • 2 thelpinj hudhre te prera ne feta
- • 3 gota domate të qëruara dhe të grira
- • 1/2 lugë. piper i zi i bluar
- • 1 lugë. rigon i thatë

- • 1 lugë. trumzë e thatë
- • 1 degë rozmarinë e freskët
- • 1 lugë gjelle. majdanoz i freskët

Udhëzimet

a) Lyejeni pulën nga të gjitha anët me kripë. Ngrohni vajin e ullirit në një tigan në mesatare. Skuqini disa copa pule nga lëkura poshtë në tigan (mos e mbipopulloni) për 5 minuta, më pas kthejeni. Le menjane. Sigurohuni që të keni 2 lugë gjelle. e yndyrës së përpunuar të mbetur.

b) Shtoni qepët, kërpudhat dhe specat zile në tigan. Rriteni nxehtësinë në mesatare të lartë. Ziejini derisa qepët të zbuten, duke i trazuar, rreth 10 minuta. Shtoni hudhrën dhe gatuajeni edhe një minutë.

c) Shtoni verën. Grini çdo pjesë të skuqur dhe ziejini derisa vera të pakësohet përgjysmë. Shtoni domatet, piperin, rigonin, trumzën dhe një lugë. të kripës. Ziej pa mbuluar për ndoshta 5 minuta të tjera. Vendosni copat e pulës sipër domateve, me anën e lëkurës lart. Ulni nxehtësinë. Mbulojeni tiganin me kapak pak të hapur.

d) Gatuani pulën në një zjarr të ngadaltë. Duke u kthyer dhe lagur herë pas here. Shtoni rozmarinë dhe gatuajeni derisa mishi të jetë i butë, rreth 30 deri në 40 minuta. Dekoroni me majdanoz.

Lakra e zier me mish

Shërben 8

Përbërësit

- • 1-1/2 paund mish viçi të bluar
- • 1 filxhan lëng viçi
- • 1 qepë e grirë
- • 1 gjethe dafine
- • 1/4 lugë. piper
- • 2 brinjë selino të prera në feta
- • 4 gota lakër të grirë
- • 1 karotë, e prerë në feta
- • 1 filxhan pastë domate
- • 1/4 lugë. kripë

Udhëzimet

a) Në një tenxhere kaurdisim mishin e bluar. Shtoni lëngun e viçit, qepën, piperin dhe gjethen e dafinës. Mbulojeni dhe ziejini derisa të zbuten (rreth 30 minuta). Shtoni selino, lakër dhe karrota.

b) Mbulojeni dhe ziejini derisa perimet të zbuten. Përzieni në përzierjen e pastës së domates dhe erëzave. Ziejini pa mbuluar për 20 minuta.

Zierje viçi me bizele dhe karrota

Shërben 8

Përbërësit

- • 1-1/2 filxhan karrota të copëtuara•
- 1 filxhan qepe te grira
- • 2 lugë gjelle.kokositvaj
- 1-1/2 filxhan bizele jeshile
- 4 gota lëng mishi
- 1/2 lugë. Kripë
- • 1/4 lugë. piper i zi i bluar
- 1/2 lugë. hudhra të grira
- 4 kile rosto pa kocka

Udhëzimet

a) Gatuani qepët në vaj kokosi në mesatare derisa të zbuten (disa minuta). Shtoni të gjithë përbërësit e tjerë dhe përzieni.

b) Mbulojeni dhe ziejini në zjarr të ulët për 2 orë. Përzieni miellin e bajameve me pak ujë të ftohtë, shtoni zierjen dhe ziejini për një minutë tjetër.

Zierje me pule jeshile

Shërben 6-8

Përbërësit

- • 1-1/2 filxhan lule brokoli
- • 1 filxhan kërcell selino të copëtuar
- • 1 filxhan presh të prera në feta
- 2 lugë gjelle.kokositvaj
- • 1-1/2 filxhan bizele jeshile
- • 2 gota lëng pule
- • 1/2 lugë. Kripë

- · 1/4 lugë. piper i zi i bluar
- · 1/2 lugë. hudhra të grira
- · 4 paund copa pule pa kocka pa lëkurë

Udhëzimet

a) Gatuani preshin në vaj kokosi në masë të mesme derisa të zbuten (disa minuta). Shtoni të gjithë përbërësit e tjerë dhe përzieni.

b) Mbulojeni dhe ziejini në zjarr të ulët për 1 orë. Përzieni miellin e bajameve me pak ujë të ftohtë, shtoni zierjen dhe ziejini për një minutë tjetër.

Stew irlandeze

Shërben 8

Përbërësit

- • 2 qepë të grira
- • 2 lugë gjelle.kokositvaj
- • 1 degë trumzë e tharë
- • 2 1/2 paund mish të copëtuar nga qafa e qengjit
- • 6 karota të grira
- • 2 lugë gjelle. oriz kaf
- • 5 gota lëng pule
- • Kripë
- • Piper i zi i bluar
- • 1 buqetë garni (trumë, majdanoz dhe gjethe dafine)

- - 2 patate të ëmbla të copëtuara
- - 1 tufë majdanoz i grirë
- - 1 tufë qiqra

Udhëzimet

a) Ziejini qepët në vaj kokosi në mesatare derisa të zbuten. Shtoni trumzën e thatë dhe mishin e qengjit dhe përzieni. Shtoni orizin kaf, karotat dhe lëngun e pulës. Shtoni kripë, piper dhe buqetë garni. Mbulojeni dhe ziejini në zjarr të ulët për 2 orë. Vendosni patatet e ëmbla sipër zierjes dhe gatuajeni për 30 minuta derisa mishi të copëtohet.

b) Dekoroni me majdanoz dhe qiqra.

Zierja hungareze me bizele

Shërben 8

Përbërësit

- • 6 gota bizele jeshile
- • 1 kile mish derri të prerë në kubikë
- • 2 lugë gjelleullirivaj oseavokadovaj
- • 3 1/2 lugë gjellebajameMiell
- • 2 lugë majdanoz të grirë
- • 1 gotë ujë
- • 1/2 lugë kripë
- • 1 filxhan qumësht kokosi
- • 1 lugë gjelle sheqer kokosi

Udhëzimet

a) Ziejini mishin e derrit dhe bizelet e gjelbra në vaj ulliri mbi nxehtësinë mesatare derisa të zbuten pothuajse (rreth 10 minuta)

b) Shtoni kripën, majdanozin e grirë, sheqerin e kokosit dhe miellin e bajameve dhe ziejini për një minutë tjetër.

c) Shtoni ujin më pas qumështin dhe përzieni.

d) Gatuani për 4 minuta të tjera në zjarr të ulët, duke e përzier herë pas here.

Pulë Tikka Masala

- • 5 kilogramë copa pule, pa lëkurë, me kocka
- 3 lugë gjelle. paprika e thekur
- 2 lugë gjelle. farë koriandër e bluar të thekur
- 12 thelpinj hudhër të grirë
- 3 lugë gjelle. xhenxhefil i freskët i copëtuar
- 2 gota jogurt
- 3/4 filxhan lëng limoni (4 deri në 6 limonë)
- 1 lugë. kripë deti
- 4 lugë gjelle.kokositvaj
- 1 qepë e prerë në feta
- 4 gota domate të grira
- 1/2 filxhan cilantro të copëtuar
- 1 filxhan krem kokosi

a) Grini thellë pulën në intervale 1 inç me një thikë. Vendoseni pulën në një enë të madhe pjekjeje.

b) Kombinoni korianderin, qimonin, paprikën, shafranin e Indisë dhe kajenën në një tas dhe përzieni. Lërini mënjanë 3 lugë gjelle. të kësaj përzierje erëzash. Kombinoni 6 lugë të mbetura. përzierje erëzash me 8 thelpinj hudhër hudhër, kos, 2 lugë gjelle. xhenxhefil, 1/4 filxhan kripë dhe 1/2 filxhan lëng limoni në një tas të madh dhe përzieni. Hidhni marinadë mbi copat e pulës.

c) Ngrohni vajin e kokosit në një tenxhere të madhe mbi nxehtësinë mesatare dhe shtoni pjesën e mbetur të hudhrës dhe xhenxhefilit. Shtoni qepët. Gatuani rreth 10 minuta, duke e përzier herë pas here. Shtoni përzierjen e rezervuar të erëzave dhe gatuajeni derisa të ketë aromë, rreth gjysmë minutë. Grini çdo pjesë të skuqur nga fundi i tiganit dhe shtoni domate dhe gjysmën e cilantros. Ziejini për 15 minuta. Lëreni të ftohet pak dhe bëjeni pure.

d) Përzieni kremin e kokosit dhe çerek filxhanin e mbetur lëng limoni. Spërkateni sipas shijes me kripë dhe lëreni mënjanë derisa pula të gatuhet.

e) Gatuani pulën në skarë ose nën një brojler.

f) Hiqeni pulën nga kockat dhe priteni në copa të përafërta të madhësisë së një kafshimi. Shtoni copat e pulës në tenxhere me salcë. Lëreni të ziejë në zjarr mesatar dhe ziejini për rreth 10 minuta.

Zierje viçi greke (Stifado)

Shërben 8

Përbërësit

- • 4 copa të mëdha viçi ose viçi osso bucco
- • 20 qepe të tëra, të qëruara
- • 3 gjethe dafine
- • 8 thelpinj hudhre
- • 3 degë rozmarinë
- • 6 pimento të plota
- • 5 karafil të tërë
- • 1/2 lugë arrëmyshk i bluar
- • 1/2 filxhan ullirivaj oseavokadovaj
- • 1/3 filxhan uthull molle
- • 1 lugë gjelle. kripë
- • 2 gota paste domate

- • 1/4 lugë piper i zi

Udhëzimet

a) Përzieni uthullën dhe pastën e domates dhe lëreni mënjanë. Në tenxhere vendosim mishin, qepujt, hudhrën dhe të gjitha erëzat.

b) Shtoni pastën e domates, vajin dhe uthullën. Mbulojeni tenxheren, lëreni të vlojë pak dhe ziejini në zjarr të ulët për 2 orë. Mos e hapni dhe përzieni, thjesht tundeni tenxheren herë pas here.

c) Shërbejeni me oriz kaf ose ndoshta me quinoa.

Zierje mishi me fasule të kuqe

Shërben 8

Përbërësit

- • 3 lugë gjelle.ullirivaj oseavokadovaj
- • 1/2 qepë të copëtuar
- • 1 lb mish viçi pa dhjamë të grirë në kubikë
- • 2 lugë. qimnon i bluar
- • 2 lugë. shafran i Indisë i bluar (opsionale)
- • 1/2 lugë. kanellë e bluar (opsionale)
- • 2 1/2 gota ujë
- • 5 lugë gjelle. majdanoz i freskët i grirë
- • 3 lugë gjelle. qiqra të prera
- • 2 gota fasule të ziera
- • 1 limon, lëng nga
- • 1 lugë gjelle.bajameMiell
- • kripë dhe piper të zi

Udhëzimet

a) Kaurdisni qepën në një tigan me dy lugë vaj iv derisa të zbutet.

b) Shtoni mishin e viçit dhe gatuajeni derisa mishi të skuqet nga të gjitha anët. Përzieni shafranin e Indisë, kanellën (të dyja sipas dëshirës) dhe qimnon dhe gatuajeni për një minutë. Shtoni ujë dhe lëreni të vlojë.

c) Mbulojeni dhe ziejini në zjarr të ulët për 45 minuta. Përziejini herë pas here. Kaurdisni majdanozin dhe qiqrat me 1 lugë të mbetur. vaj ulliri për rreth 2 minuta dhe këtë përzierje e shtojmë te mishi i viçit. Shtoni fasulet dhe lëngun e limonit dhe i rregulloni me kripë dhe piper.

d) Përzieni në një lugë gjelle. miell bajamesh të përzier me pak ujë që zierja të trashet. Ziejini pa mbuluar për gjysmë ore derisa mishi të zbutet. Shërbejeni me oriz kaf.

Zierje me mish qengji dhe patate të ëmbla

Shërben 8

Përbërësit

- • 1-1/2 filxhan pastë domate
- • 1/4 filxhan lëng limoni
- • 2 lugë gjelle. mustardë
- • 1/2 lugë. Kripë
- • 1/4 lugë. piper i zi i bluar
- • 1/4 filxhan gjalpë bajame të trashë
- • 2 patate të ëmbla të prera në kubikë
- • 1/2 lugë. hudhra të grira
- • 4 kile rosto pa kocka

Udhëzimet

a) Në një tas të madh, kombinoni pastën e domates, lëngun e limonit, gjalpin e bajames dhe mustardën. Hidhni kripë, piper, hudhër dhe pataten e ëmbël të prerë në kubikë. Vendoseni rostoin në një tenxhere të ngadaltë. Derdhni përzierjen e domates mbi rosto.

b) Mbulojeni dhe gatuajeni në temperaturë të ulët për 7 deri në 9 orë.

c) Hiqeni pjekjen e çakut nga tenxherja e ngadaltë, grijeni me një pirun dhe kthejeni në tenxhere të ngadaltë. Përzieni mishin që të lyhet në mënyrë të barabartë me salcë. Vazhdoni gatimin për rreth 1 orë.

Gjoks pule të pjekur

Shërben 10

Përbërësit

- • 10 gjoks pule pa lëkurë pa kocka
- • 3/4 filxhan kos me pak yndyrë
- • 1/2 filxhan borzilok të copëtuar
- • 2 lugë. miell me shigjeta
- • 1 filxhan tërshërë të bluar në mënyrë të trashë

Udhëzimet

a) Rregulloni pulën në një enë pjekjeje. Kombinoni borzilokun, kosin dhe miellin e shigjetës; përziejmë mirë dhe e shpërndajmë sipër pulës.

b) Përzieni tërshërën me kripë dhe piper sipas shijes dhe spërkatni sipër pulës.

c) Piqeni pulën në 375 gradë në furrë për gjysmë ore. Bën 10 racione.

Pulë e pjekur me rozmarinë

Shërben 6-8

- • 1 (3 paund) pulë e plotë, e shpëlarë, e hequr nga lëkura
- • kripë dhe piper për shije
- • 1 qepë të prerë në katër pjesë
- • 1/4 filxhan rozmarinë të copëtuar

Udhëzimet

a) Ngrohni furrën në 350F. Spërkatni mishin me kripë dhe piper. Mbushim me qepë dhe rozmarinë.

b) Vendoseni në një enë pjekjeje dhe piqeni në furrën e parangrohur derisa pula të jetë pjekur.

c) Në varësi të madhësisë së zogut, koha e gatimit do të ndryshojë.

Carne Asada

Përzieni së bashku hudhrën, jalapeno, cilantro, kripë dhe piper për të bërë një pastë. Hidheni pastën në një enë. Shtoni vajin, lëngun e limonit dhe lëngun e portokallit. Shkundeni për ta kombinuar. Përdoreni si marinadë për viçin ose si erëz tavoline. Vendosni biftekun në një enë pjekjeje dhe derdhni marinadën mbi të. Lëreni në frigorifer deri në 8 orë. Nxirreni biftekun nga marinada dhe e rregulloni nga të dyja anët me kripë dhe piper. Piqeni në skarë (ose ziejini) biftekin për 7 deri në 10 minuta në çdo anë, duke e kthyer një herë, derisa të jetë mesatarisht e rrallë. Vendoseni biftekun në një dërrasë prerëse dhe lëreni që lëngjet të vendosen (5 minuta). Pritini hollë biftekun nëpër kokërr.

Cioppino

Shërben 6

Përbërësit

- • 3/4 filxhan kokosit vaj
- • 2 qepë, të grira
- • 2 thelpinj hudhre, te grira
- • 1 tufë majdanoz i freskët, i grirë
- • 1,5 gota domate të ziera
- • 1,5 gota lëng pule
- • 2 gjethe dafine
- • 1 lugë gjelle. borzilok i tharë

- • 1/2 lugë. trumzë e thatë
- • 1/2 lugë. rigon i tharë
- • 1 gotë ujë
- • 1-1/2 filxhan verë të bardhë
- • 1-1/2 paund karkaleca të mëdhenj të qëruar dhe të deveinuar
- • 1-1/2 paund fiston gjiri
- • 18 molusqe të vogla
- • 18 midhje të pastruara dhe të zbrazura
- • 1-1/2 filxhan mish gaforre
- • 1-1/2 kile fileto merluci, të prera në kubikë

Udhëzimet

a) Në nxehtësi mesatare shkrini vajin e kokosit në një tenxhere të madhe dhe shtoni qepët, majdanozin dhe hudhrën. Gatuani ngadalë, duke i përzier herë pas here derisa qepët të jenë të buta. Shtoni domatet në tenxhere. Shtoni lëngun e pulës, rigonin, gjethet e dafinës, borzilokun, trumzën, ujin dhe verën. Përziejini mirë.

b) Mbulojeni dhe ziejini për 30 minuta. Përzieni karkalecat, fiston, molusqet, midhjet dhe mishin e gaforreve. Përzieni peshkun. Lëreni të vlojë. Uleni zjarrin, mbulojeni dhe ziejini derisa të hapen molusqet.

Ngushëllues me kokos portokalli

Shërben 6

Përbërësit

- • 31/2 paund. ngec
- • 3 lugë gjelle. verë e Bardhë
- • 3 lugë gjelle. lëng limoni
- • 3 lugë gjelle. <u>kokosit</u>vaj
- • 3 lugë gjelle. majdanoz
- • 1 lugë. piper i zi
- • 2 lugë gjelle. lëkura e portokallit
- • 1/2 lugë. kripë
- • 1/2 filxhan qepë të copëtuar

Udhëzimet

a) Ngrohni furrën në 325F. Spërkateni peshkun me piper dhe kripë.

b) Vendosni peshkun në enën e pjekjes. Spërkatni lëkurën e portokallit sipër peshkut. Shkrini vajin e mbetur të arrës së kokosit dhe shtoni majdanozin dhe qepët në vajin e kokosit dhe derdhni mbi llapë. Më pas shtoni verën e bardhë.

c) Vendoseni në furrë dhe piqni për 15 minuta. Shërbejeni peshkun me lëng shtesë në një anë.

Salmon i pjekur në skarë

Shërben 4

Përbërësit

- • 4 (4 ons) fileta salmon
- • 1/4 filxhan kokosit vaj
- • 2 lugë gjelle. salce peshku
- • 2 lugë gjelle. lëng limoni
- • 2 lugë gjelle. qepë e gjelbër të prerë hollë
- • 1 thelpi hudhër, e grirë & 3/4 lugë. xhenxhefil i bluar
- • 1/2 lugë. thekon spec të kuq të grimcuar
- • 1/2 lugë. vaj susami
- • 1/8 lugë. kripë

Udhëzimet

a) Përzieni së bashku vajin e kokosit, salcën e peshkut, hudhrën, xhenxhefilin, specat e kuq djegës, lëngun e limonit, qepët e njoma, vajin e susamit dhe kripën. Vendosni peshkun në një enë qelqi dhe derdhni marinadën sipër.

b) Mbulojeni dhe vendoseni në frigorifer për 4 orë.

c) Ngrohni skarë. Vendosni salmonin në skarë. Piqeni në skarë derisa peshku të bëhet i butë. Kthejeni përgjysmë gjatë gatimit.

PËRFUNDIM

Për të përcaktuar nëse një ushqim është me pak yndyrë, një person mund të lexojë etiketën e tij ushqyese. Është jetike të lexohet pjesa e etiketës që liston vlera specifike, pasi shumë prodhues i etiketojnë ushqimet si "me pak yndyrë" pavarësisht se ato kanë një përmbajtje relativisht të lartë yndyre.

Shembuj të ushqimeve me pak yndyrë që një person mund të përfshijë në dietën e tij përfshijnë:

- Drithëra, drithëra dhe produkte makaronash
- tortilla misri ose gruri integral
- krisur të pjekura
- shumica e drithërave të ftohta
- petë, veçanërisht versionet me drithëra të plota
- bollgur
- oriz
- bagels me drithëra të plota
- Kifle angleze
- bukë pita

www.ingramcontent.com/pod-product-compliance
Lightning Source LLC
Chambersburg PA
CBHW050358120526
44590CB00015B/1734